人をトリコにする "ひと言添える" 作法

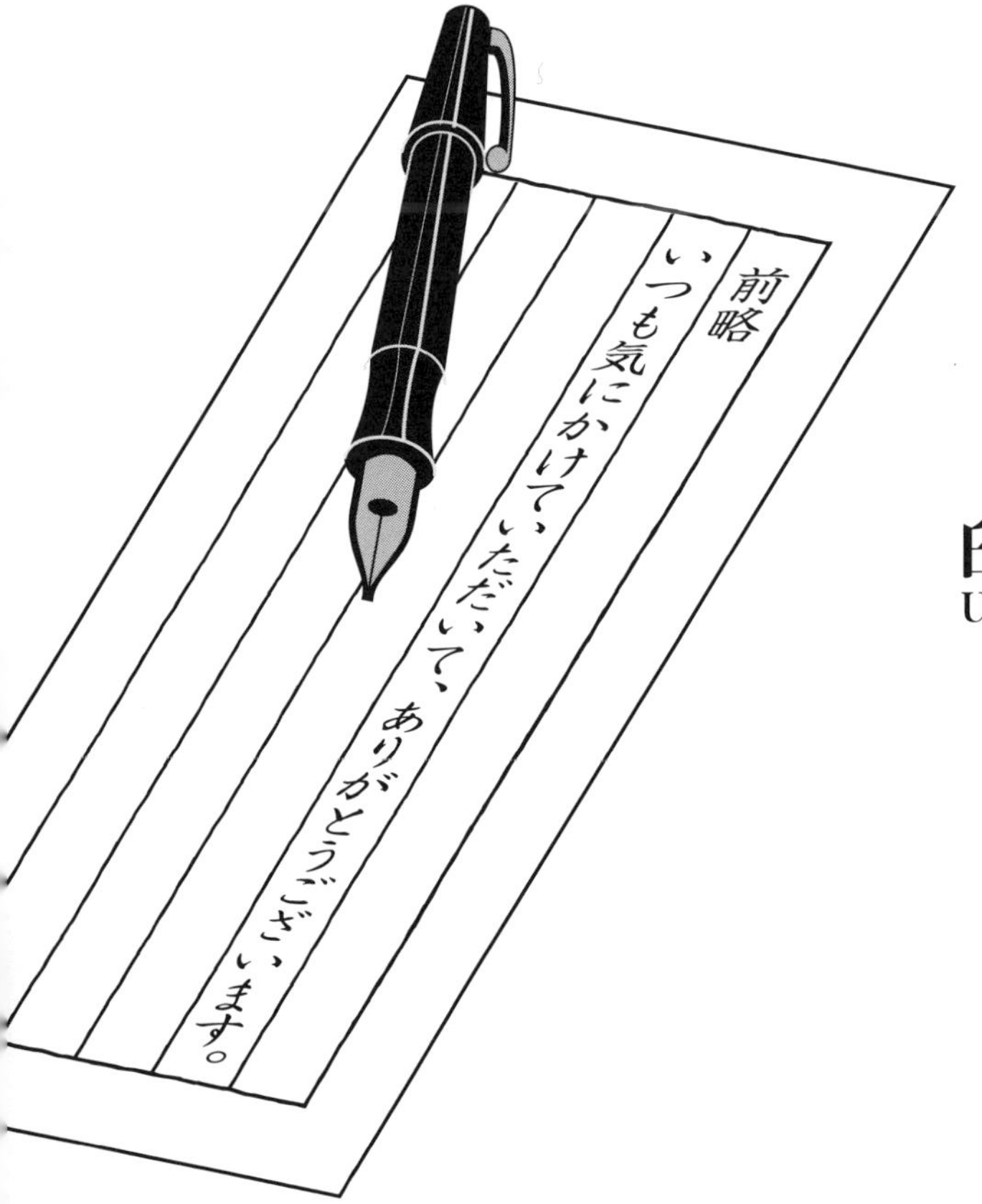
前略
いつも気にかけていただいて、ありがとうございます。

臼井由妃 著
Usui Yuki

アスペクト

人をトリコにする〝ひと言《こと》添《そ》える〟作法《さほう》

はじめに

――私を変えた一筆箋の魅力

今でこそ、著者として五〇冊を超える本を書かせて頂いている私ですが、学生時代は国語の時間が大嫌いでした。なかでも書くことは、嫌で仕方がなかったのです。

それは中学一年の時、国語の先生から「あなたの文章は独りよがりでさっぱり分らない」と、言われたことに始まります。

それまで書くことが好きでこまめに日記をつけていた私は、書くことに自信がありました。ですから何が悪いのか？　どこを直せばいいのか困惑するばかり。

納得がいかないまま、書くことが怖くなって日記も止めてしまったのです。

読書感想文や作文が宿題に出ると、「書いたところで理解されない」「書くだけムダ……」と、避けるようにもなりました。

これは、私にとっては致命傷です。

子供時代に患った吃音症のために人前で話をすることが苦手で、書くことで自分の思いを伝えてきた私が、書けないということは、コミュニケーションができないことになります。誤解が生じたり理解されなかったり……。私は、自分の世界に閉じこもるようになったのです。

その後も、コミュニケーションがうまくできないままに社会人になり、無愛想だとか何を考えているのか分らないと、言われました。経営者になっても「冷たい社長だ」「かっこつけている」と、言われ通し。

「何とかしなくてはいけない……」

話すのが苦手な私が真っ先に考えたのは、書くこと。

話せないのならば、文字で思いを伝えるしかありません。

でもあの日先生に注意を受けたし、何十年も書くことから逃げてきたのです。

「こんな私に、できることがあるのかな?」

思案して、文章術の本を何冊も読み講座にも通いました。

でも、どれもしっくりいかなかったのです。

本の通りに実践しようとすると「時候の挨拶は間違っていないか?」

「言いまわしはおかしくないか?」

「誤字や脱字はないか？」

気にしているうちに、書けるものも書けなくなって……。

「私には、もともと文書力がないんだ」

「面倒だ、止めた！」と諦める。

苦手意識が消えないままに、時間が過ぎていったのです。

そんな私を変えたのが、ある方が送ってくださった桃に添えられていた「一筆箋」。
そこには、こんな言葉がありました。
「頑張りやの由妃さんへ
桃栗三年、柿八年といいますね。
焦らずあなたらしく行きましょう」
涙が止まらなかった。たった三行の言葉なのに……。
それは、心からの言葉を形にとらわれず、しっかり伝えてくださったから。
「私が求めていたものはこれだ！」

言いたいことをタイミングよく話をするのは難しくても、相手の顔を浮かべながら素直な言葉で書いて伝えることならば、自分のペースでできます。

書くことに苦手意識をもつ私でも、形にとらわれない「一筆箋」ならば、気負わず書けるのではないか……。

取引先に送る資料にひと言メッセージを加えたり、旅行先で見つけた一筆箋やポストカードを使って近況報告をしたり、贈りものにひと言添える……。

そんなことをしているうちに、相手との距離が縮まり、コミュニケーション不足から生まれる誤解もなくなって、人に会うのが楽しくなりました。

気づいた時には、愛想が良くていつも笑顔の臼井由妃に代わっていました。

人間関係が広がって、たくさんの友人知人に恵まれる。

書くことが楽しくなって、著作のお仕事をいただいたり、思いを伝えることが楽しくなって、話すことにも抵抗感がなくなり講演のお仕事まで、いただくようになったのです。

あの日「一筆箋」と出会わなければ、私の人生はまったく別の展開をしていたでしょう。

今こうしてあなたに、私の経験をお伝えできるのも「一筆箋」が育んでくれたご縁だと思っています。

「書くのはどうも苦手で……」

かつての私のように、文章を書くことに抵抗感をもつ方は私の周囲にも、たくさんいらっしゃいます。

それは、書くことを難しく考えているから。

大切なのは、あなたの思いを自分の言葉で伝えることです。

本書では、最低限のルールやマナーを押さえながら簡単に時間をかけず、楽しんで続けられる「一筆箋の技術」や「ひと言添えの知恵」を、ご紹介していきます。

どれも、私が実際に行い成果をあげてきたものばかりです。

ひと言書き添える。

それだけで、周囲の人やこれから知りあう方、あなたを取り巻くすべての方々と心が通い合い豊かな気持ちで、仕事も人生もうまくいく。

一筆箋が私の人生を変えたように、あなたを輝かせるに違いないと、私は信じています。

目次

第1章　「一筆箋」は7つの顔をもっている

第2章　あっという間に書ける7つのポイント

第3章　ファンをつくる7つのポイント

第4章　相手をときめかせる7つのポイント

第5章　一筆箋で仕事はうまくいく！

第6章　一筆箋で人生はうまくいく！

プロローグ

一筆箋は最高のコミュニケーションツール

コミュニケーションがうまくとれない。

同僚や部下、お客様、周囲の人たちと上手に人間関係を築いていくには、どうしたらいいのか分らない。

年齢も近く育ってきた環境が似ている方とならば、理解しあえる部分もあるでしょうが一〇歳も違えばまるで「異星人」。

自分の思いを伝えようにも、はたして伝わるのか？

あるいは、疎遠になってしまった方との距離を埋めるにはどうしたらいいのか……。

いきなり電話をかければ、警戒されるでしょうし、気が重い。

さまざまな理由から、コミュニケーションの難しさを感じている方は多いと思います。

私は今、五二歳。

いつまでも若いつもりでいても、読者の方にお会いしたりいただくメールや手紙を拝見すると、「最近の若い方は、こんな風に考えるのか？」「こういう見方もあるのか？」と、驚くことがあります。

コミュニケーションの本を何冊も書かせて頂いている身でありながら、人間関係は発見の連続なのです。

コミュニケーションの手段には、話す・書く・ボディランゲージなどがありますが、多くの方は話すことに重点がおかれていると思います。

それは、相手を目の前にして思いを伝え、声を聞きながら会話をすることは、相手の様子が分りどう対応したらいいのか、その場にあった受け答えができるから。

話し方を磨けば、コミュニケーションがうまくいくと思われるからでしょう。

確かに、言葉のキャッチボールができる人は、それが一番効率よく思いを伝えることです。相手の反応を見ながら、臨機応変に言葉を投げたり受けたり。

自分の思いが伝わった時の感動も、大きいものがあります。

しかし、かつての私のように人前で話すのが苦手で、思ったことをすぐに口にできない人も多い。反応が鈍い不器用な人もいるのです。

そうした方が、話し方を磨くのは結構なことですが、ノウハウは吸収できても実践する段になると足踏みしてしまって、なかなか自分のものになりません。

それは人の考え方や反応は千差万別で、同じ人であっても状況によって受け答えが異なってくる場合もあるから。

話し方に自信をもっている方でも、予期しない言葉を突き付けられると、慌ててしまってシドロモドロ。

どんな人とでも円滑にコミュニケーションが取れるようになるには、場数を踏み失敗もしながら経験を積む。どうしても時間がかかるのです。

話し方を学んでも挫折するのは、ここに原因があるといっていいでしょう。


対して、書くことはどうでしょうか?

「書くコミュニケーション」ならば、自分のペースでできますから、話し方に自信がない人でも安心して取り組めるはずです。

最近はメールを使って、会話をするようにやり取りする方がいますね。

メールは自分の思いをストレートに打つだけだから、簡単。

メールの気軽さが、知らないうちに書くことへのハードルを下げていると思います。

ですが、手紙やはがきになると、半日がかりという人が多いのも事実。

字が汚いから、言いまわしが分らないからと、メールは使いこなせても、手紙やはがきになると、お手上げ状態。

これが実際のところでしょう。

話し方に自信のない人にとって救世主のように思えた「書くコミュニケーション」にも弱点はあるのか？……。

がっかりしないでくださいね。

メールのような気軽さでありながら時間に直せば、ほんの三分程度。

もしかしたら、メールを打つよりも簡単でインパクトがある最高のコミュニケーションツールがあるのです。それが一筆箋です。

一筆箋は、縦一八センチ、横八センチほどの短冊形の便せんに三行程度。

長くても五行ほどをつづるだけ。それで充分、形になる手紙です。

一日に何十通もいただくメールよりも、珍しいだけに相手の印象に残りますし、メールは削除できても、形がある一筆箋は捨てるのは忍びないもの。

何度も読み返したり、手もとにおいて頂けるというメリットもあります。

そして三行ほどでも手書きには、「自分のために、わざわざ書いてくれたのだ」という喜びや感動があります。

字のきれいさに難点があっても、言いまわしが多少おかしくても、その人らしさがにじみ出ていて嬉しくなるのです。


人は誰も、自分を特別扱いされたい。

大切にしてもらいたいと思っています。

自分だけのために何かをしてくれる＝おもてなしに、弱いのです。

一筆箋は、まさにこのおもてなしに当たります。

おもてなしで、仕事や人間関係がうまくいかないわけはありません。

一筆箋は、おもてなしの心をもった最高のコミュニケーションツールなのです。

書ける人しか生き残れない

この二〜三年ほどの間に、書く作業は倍増したと思います。

オフィスでは、企画書、稟議書、伝票や書類、お礼状やご案内状など。

従来からあった書く作業に加えて、メールやインターネットの普及に伴ってどんな仕事の人でも、何らかの文章を書かない日はないといっても、過言ではないでしょう。

ところが、「書くのは苦手で……」という人は、相変わらず多いのです。

プライベートなメールならば、分けなく打てるのに手書きの文章となると、二の足を踏んでしまう。

こうなるには、二つの理由があります。

①文章の書き方を学校できちんと習っていない

②書くことを難しく考えている

習っていないことは、自信をもてなくて当然ですし、習っていないから難しく考えてしまうのも仕方がないのです。

それでも、一〇年ほど前までは、書くことが苦手でも、仕事に支障はありませんでした。

当時のコミュニケーション手段は、電話がメイン。

仕事で文章を書く機会は特別なセクションの人以外、必要ではなかったからです。

でも今は、「書くのは苦手だから……」では、すみません。

不況の影響もあって、会社では人員を減らし少ない人数で効率よく仕事をするようになってきました。これまで「書く作業」から逃げていた人も、「やりません、できません」では、自分の居場所がなくなる心配もあります。

だからといって、会社には文章を教えられる人もいませんし、そんな時間もない。

自分で勉強しようとしても、日々の忙しさのなかでは、無理がある。

危機感は覚えているがここまできてしまった……という人が、多いのではありませんか？

経営者の立場でいえば「短時間で正確に文章を書く人」と、「時間をかけて丁寧に文章を書く人」のどちらを雇いたいかといえば、間違いなく前者です。

以前、私の会社に驚くような文章を書く女性がいました。
驚くようなというのは、間違いが多いとか字が汚いではありません。
お礼状なのに、修飾語だらけ。
まるで小説の世界のような描写がはいって、一体何を伝えたいのかが分りません。
名文を書こうとして、迷文になっているのです。
時間をかけ労力をかけても、相手に伝わらないのでは話になりません。
ビジネスシーンで求められるのは、小説家のような文章ではなく

①いかに正確に分りやすく書くか
②時間をかけず、少ない労力で伝えられるか
③短時間でストレスなく読めて理解できるか

魅せる文章や読ませる文章は、必要ないのです。
書くことに自信があるという人の中には、この辺りを勘違いしている方もいます。

また、書くことが好きな人には、伝えたいことばかりに気持ちがいって伝えたい相手の存在を度外視してしまう人もいます。

私が学生時代に、「あなたの文章は独りよがりだ」と、国語の先生から指摘されたのは、この点にあったと思います。


何のために、その文章を書くのか？

その文章を読んだ相手に、どんな反応をして欲しいのか？

目的をはっきりとさせて、書きましょう。

何気なく書いている人と、そうでない人とでは企画力、創造力、交渉力、段取り力、プレゼン能力……。仕事に必要な能力に違いが出てきます。

書けない人では、生き残れません。

忙しい時代の新習慣

書く作業といって、真っ先に思い浮かぶのはメールでしょう。

メールの便利さ気軽さは、私も日々感じています。

電話がかけにくい相手やなかなかつかまらない人にも、メールならば、送ることができます。携帯メールならば時間も場所も問わずに、それこそ、食事をしながらでも打つことができます。

しかし、この便利さゆえに生じる問題もあります。

スピードを最優先する内容だからといって、たった一言、用件だけになる。

気心の知れた相手だからと、いきなり「了解！」「確認済み」といったそっけないメールになる。

メールはデジタルツールとはいっても、そこに思いやりや愛情が感じられないのでは、あなたにとっては大切なメールであっても、相手にはたいして重要でない。意味をもたないものになってしまいます。

こうした事態を防ぐには、メールであってもちょっとした一言を添えること。

●一刻も早く伝えたい事柄ならば

「取り急ぎ、用件のみで失礼致します」と、緊急であることを相手に印象付けてから、用件を書きます。

●連絡や報告があるのならば

「いつもお世話になります。先日お会いしたとき、風邪をひいていらっしゃいましたが、その後、いかがですか?」と、気遣いのひと言を加えてから本題に入ります。

●本文は簡潔にしても

「何かとお忙しいとは存じますが、くれぐれもお体に気をつけてくださいね」と、相手への思いやりをあらわしたひと言で締めます。

あるいは、「もうすぐお誕生日ですね」と、相手への関心の高さを示すのもいいでしょう。

これは、追伸という形でくわえるひと言です。


仕事ができて円満な人間関係を保っている人からいただくメールの八割以上は、形はちがっても心に響くひと言が添えられています。

逆をいえば、ひと言の気遣いができる人は、仕事もできて人にも恵まれるのです。

ひと言を添える手間など、たかが知れています。

三分もかかりません。

忙しいからとか面倒だからと、三分の手間を惜しんでそっけないメールを何の疑問も感じないであなたが送っているとしたら……。

これまでどれだけ多くの縁や運を逃してきたのか、知れません。

忙しいのは、誰も同じです。

あなたが忙しいことは、誰もが知っています。

だからこそ、ちょっとした気遣いが活きてきます。

思いやりのひと言をくわえるだけで、あなたは相手にとって大切な人になるのです。

丁寧過ぎる文章はかえって嫌みだったり、どうしても長くなって相手はストレスを感じます。

簡潔な用件にひと言添える。

メールだろうと手書きの文章だろうと、これが忙しい時代にふさわしい習慣だと思います。

一筆箋は相手をいたわる知的コミュニケーション

思いは言葉にしないと相手に伝わらない。分ってもらえない。
これは、誰もが知っています。
しかし、こうした場合はどうでしょうか？
レストランで食事をしたら、「美味しかったです」
荷物を運んでくれた業者さんに、「御苦労さまです」
バスを降りるときには、「ありがとうございました」
あなたは、思いを伝えていますか？
私はお客様なのだから、ひと言かける必要があるの？
相手を思う気持ちはあっても、照れくさい……という方もいるでしょう。
ですが、私は必ずひと言添えます。

これは相手によく思われたいとか、かっこをつけているのではありません。

感謝の気持ちを伝えるせっかくのチャンスなのに、その機会を無駄にするのはもったいないですし、自分でも心があたたかくなって気持ちがいいからです。

文章にしても同じです。

知り合いの会社から、書類が届きました。

開けてみると、中には書類に添えた一筆箋があったのです。

> 臼井由妃様
>
> このたびはお世話になりました。
> お仕事をご一緒させていただき、とても勉強になりました。
> 感謝しております。
>
> ●●社　●●●●

読み終わると、熱心に仕事をしていた彼女の姿が、浮かんできました。

「真面目な女性だったな。笑顔が素敵な方だった……」

仕事を一緒にする間には、意見の対立があり、イライラすることも一つや二つではありませんでした。

しかし、この文章を読んで、そんなことはどこかに飛んでいきました。

いい印象だけが鮮明に残り、悪いイメージは少しも残らないのです。

ほんのひと言や三行ほどの文章が、想像以上に相手に喜ばれ感謝され、また一緒に仕事をしたいなとか、何かあれば、力になろうと思う。

結果として、何倍もの成果になって返ってくるのです。


こうした一筆箋は、絶対に添えなければいけないものではありません。

けれど、手間を惜しまない姿勢は感動を呼び、信頼ができる人だな。任せられる人だ……あなたが、また会いたくなる人になるのは、間違いありません。


忙しい人やそれなりの立場にある人には、毎日大量のメールが送られてきます。

また、ＤＭやご案内状の類もたくさん届くでしょう。

大切なものも含まれているはずですから、とりあえずは目を通し、処理をします。

これは私の経験から言っても、相当なストレスになっています。

そんななか、相手を思いやるひと言が添えられたメールや、気のきいた言葉がつづられた一筆箋を読むと、心がおだやかになります。

どんなお薬を飲むよりも、リラクゼーションに出かけるよりも心や体に効いていきます。

なかでも一筆箋は、じんわり深く効いていくのです。


話すことで、相手を元気づけたりやる気を起こさせたり。

勇気を与えることは、難しいものです。

癒すことなど、話し方のプロでも出来ない芸当です。

それは、会話はストレートに相手の心に入っていくだけに、劇薬になることもあるからです。

その点、手書きの一筆箋ならば、あなたの思いが文字や文章に表れ、静かに浸透していきます。あなたの人間性も、浮かびあがってくるのです。

会話と違って、相手は自分のペースで読め、余裕をもって考えることもできます。

すぐに読む時間がなければ、あとでもいいですし、心に響いた一筆箋ならば、何度も感動に浸ることもできます。

一筆箋でのコミュニケーションは、会話をするよりも表情豊かで知的。

相手への思いやりや愛情に富んだものだと、私は思っています。

そして……。

一筆箋が使いこなせるようになると、人間関係は飛躍的に豊かになって、仕事も人生もうまくいくようになります。

話ベタで自分の思いを伝えることが苦手だった私が、変わったように。

あなたを変える特効薬になるのです。

第1章

「一筆箋」は7つの顔をもっている

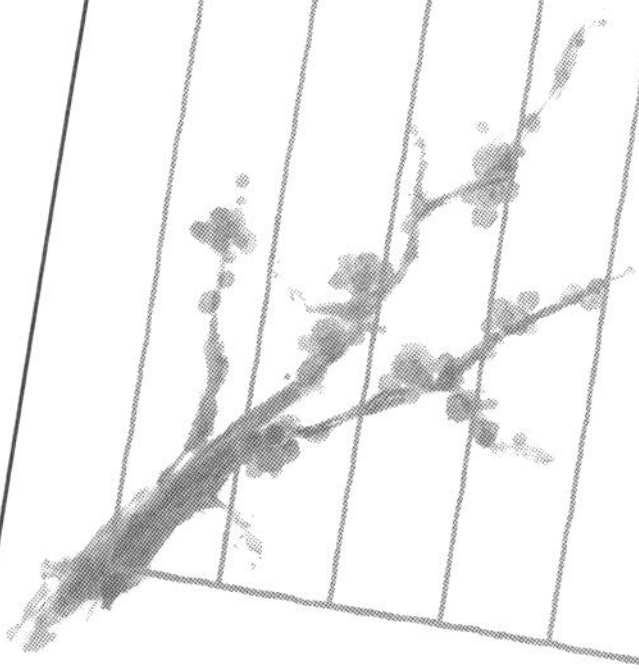

親切　～忙しい相手に素早く伝わる～

出社して、私が最初に行うのはパソコンのスイッチをｏｎすること。

起動する間に、スタッフから回ってくる書類や伝達メモ、昨日届いた郵便物にさっと目を通す……。

そういけばいいのですが、実際は読みづらい書類や解読不能の走り書き、明らかに必要でないＤＭや意味不明の手紙など。

仕事が停滞しそうな文章を前にして、ため息をつく。

パソコンを開ければ、これまた大量のメール。

仕事に欠かせないものがほとんどですから、注意深くチェックしていると……。

件名に「臼井さん大変です　●●●●」

知っている方からの、メールがありました。

「何があったの？　どうしたの？」

慌てて、メールを開くと目が点に……。

「このセミナーに参加しないと、あなたの将来はありません……」で始まる、ご自身のセミナーの案内でした。

最近、こうした半ば脅かしのような件名でメールを送ってくる方が、増えています。

釣られて反応する私もいけないのでしょうが、知っている方からの緊急を要するようなメールならば、誰しもすぐに反応します。

確実に相手に伝えようとすると、こうした脅かしのような手を使ってしまうのでしょうか？


読みづらく意味が分らない文章や、読ませるために小細工を使って送られてくるメールは、忙しい相手にとっては時間泥棒以外の何ものでもありません。

また、相手のことを思って書いた文章なのに伝わらないこんな例もあります。

以前、和紙の便せん五枚に毛筆で、何かを綴られた手紙を頂きました。

何かというのは、達筆過ぎて解読不能なのです。

さらに雨の影響でしょうか？

所々、文字が滲んでしまっていて余計に分りにくいのです。

どうにか理解できたのは、私の著書を読んで、手紙をくださった。

その方は、女性だということぐらい。

貴重な読者様の声なのに、せっかく時間をかけて書いてくださったのに、私には、思いが伝わらないのです。

これを時間泥棒とは言いませんが、読めない上に申し訳ない気持ちをもつ分、受け取る側の負担は大きくなります。


長い文章も思いのままに書く手紙も時には、必要でしょう。

しかし、たくさんの仕事を抱え、さまざまな人間関係を作りながら、生活をしている私たちは、誰もが忙しい。

「さっと読めてスッと入って即分る文章」が、求められます。

また、そういう文章が書ける人を、親切で仕事ができる人だと誰もが思うのです。

短くて伝わる文章が書けるようになると、あなたにとってもメリットがある。

これはすぐにでも、実行しない手はありませんね。

次の例を見てください。

前略
時下ますます、ご清祥のことと存じます。

臼井様におかれましては、益々ご健勝のこととお喜び申し上げます。また平素は、小社に格別のご高配を賜りありがたく厚くお礼申しあげます。

御依頼をいただきました製品の件、御希望の価格、納期にて了解致しました。

詳しくは、後日御相談に伺わせていただきます。

今後とも、貴社様の益々のご発展と臼井様のご健勝を心よりお祈り致しております。

簡単ではありますが、取り急ぎご報告に代えさせていただきました。

草々

このような文章を受け取ることは、多いと思います。

便せん一枚か二枚、三〇〇字程度の文章ですが、形式にこだわり過ぎて用件以外の要素が多く、読むのが面倒になりませんか?
それに前略で始まっているのに、略式になっていません。
これを、プロローグでご紹介した一筆箋を使い用件優先で書くと、

前略
御依頼の製品の件、御希望の価格、納期にて了解致しました。
詳しくは、後日御相談に伺わせていただきます。
取り急ぎ、ご報告させていただきました。
草々

どうでしょうか?
このほうがはるかに分りやすく、伝わりますでしょう。
文章は情報を伝えてこそ、価値があります。
着膨れした文章は、相手を惑わす不親切極まりないものになってしまいます。
一方、一筆箋を使った文章は、何よりも親切です。

前略・草々は、略式手紙を失礼にしないための便利なツール。

これを使った時には、ズバリ用件に入ればいいのです。

次項からも、一筆箋を使って得られる効果やひと言添えの魅力について、具体例をあげながらお話していきます。

省エネ　～書きやすく時間がかからない～

一筆箋を使った文章は、相手に親切であると同時に書く側にとっても、親切なものです。

それは、時間がかからず、文章を考える労力もかからないからです。

文章を書くのが苦手だという人に多いのが、どう書くかを考えているうちに、頭の中が混乱してきて、「書いては消す」「消しては書く」を、繰り返すこと。

神経は疲れる、時間もかかるはで、書くことが嫌いになったり、苦手意識が生まれたりしてしまうのです。

三行から五行程度の一筆箋で納まる文章を意識すると、
①全体の文章量が減って、書く時間が短くなる
②難しい言葉を使ったり文章の流れに余計な気を使うなどの労力が減る
③頭に浮かんだままの内容を文章にしても形になるので簡単
ズバリ、省エネになるのです。

次の例を読んでください。

あなたは、悩んだあげくこんな書き方をしていないでしょうか？

◆文中より

私は、購買意欲が低迷化する現状の市場を鑑みて、本品の販売価格を五千円にすることは、お客様の購買意欲に抑制作用を及ぼしかねず、購買意思を持ち始めたお客様も逃しかねないので、承服できません。


読んでいて、頭が痛くなってきませんか？

「購買意欲が低迷化する現状の市場」、「購買意欲に抑制作用」は、考えた末の表現なのでしょうが、思いがいま一つ、伝わってきません。

また、購買意欲、購買……と三行の中に、何度も同じ言葉が出てきて、しつこさは否めません。

さらにいえば、「鑑みて」や「承服できません」は、偉そうで生意気なイメージをもちませんか。

仮に、私がこうした文章を受け取ったら、相手が誰であれ怒りを覚えるでしょう。

意見やアドバイスだとは、分っていても、相手の人間性を疑ってしまいます。

この文章では、言葉を思い浮かべたり書いたりの余分な時間と労力を費やしたわりに、相手に伝わらないだけでなく、不快な印象を与えているのです。

これを、次のように書きなおしてみます。

訂正例▼

> 私は、本品の販売価格を五〇〇〇円にすることには、賛成できません。
> お客様の購買意欲が、落ちているからです。
> 今、予定している価格では、購入しようと思ったお客様も逃がしてしまうかもしれません。

先ず結論、次に理由、そして補足説明の順で書いていくと、分りやすくなります。

さらに、難しい表現は避けて、普通に使う言葉ならばスラスラと頭に浮かんでくるはず。文章の流れや表現方法に、気を使うこともないですから、時間も労力もぐんと減ります。一筆箋を意識すると、相手に親切であると同時に自分にとっても、親切で省エネ。できるビジネスパーソンならば、使い勝手のいい文章を選びましょう。

濃厚　～内容が濃く印象に残る～

あなたの元に、こんな手紙が届きました。

「君は、素直で真面目で美しくて優しくて思いやりがあって、笑顔が魅力的な僕にとっては、世界一の女性です。」

さらに続きます。

「僕は君と出会えたことを、神様に感謝しています……」

どうでしょうか？

これでもかというほど、あなたを褒め讃えた言葉が続いていて、読み進むうちに「えっ？本当に？」「お世辞でしょう？」となり、「この人は口がうまいな」「信用できるのかしら？」と。好ましい相手であっても、嬉しい気持ちが転じて、疑いの眼差しを向けてしまうかもしれませんね。

おいしいものをいつもいただいていたら、飽きます。
ごちそうを並べたてられていたら、食べる気持ちも失せてきます。
文章も同じです。
相手が読んで気持ち良くなるには、おいしい言葉は少しにして余韻を残す。
じんわり効いてくるほうが、効果があるのです。

先の二つの文章を合わせて、一筆箋に書くように直してみましょう。

訂正例▼

●●様
君は世界一の女性です。
素直で真面目で美しくて……。
これ以上書いたら、信用してもらえなくなるかな？
君と出会えたことを神様に感謝している●●より

読んでいるうちに、心の中が温かくなって笑みがこぼれてきて……。

瞬時に恋に落ちるのは、間違いないでしょう。

何度も読み返したくなりますし、そのたびに心がとろけるようになりますね。

多すぎる言葉を減らした方が、ひと言の重みが増してくるのです。


一筆箋で書いた文章は、人を心地良くさせる効果があります。

その内容が、お礼状であっても挨拶文であっても、ビジネスの連絡文章であったとしても読んだ相手は、ラブレターをもらったような気分になるのです。

一筆箋一つで、しっかりと相手の存在を意識する。

「いい人だな」「仕事ができる人だ」「またお会いしたいな……」と、相手の魅力に酔いしれてしまう。

その意味では、一筆箋は最強のプロポーズツールでもあるのです。

共感 ～インパクトが強く心を打つ～

私は仕事柄、出版パーティーや異業種交流会、懇親会など、多くの方が集まる場に、参加させて頂く機会があります。

その際、いつもうんざりするのが長いスピーチです。

「簡単にご挨拶させて頂きます」

「乾杯の挨拶が長いと、興ざめですから……」

そういいながら、延々と話をする人がほとんどです。

参加者は、グラスを片手に「どうしたものか？」

「早く終わって欲しい……」と、困り顔です。

しかし当人は、まったくお構いなしで延々と話を続け、最後に「それでは簡単ではありますが……」と、決まり文句を言う。

「簡単ではないよね……」（苦笑い）私は、こんな現場に何度も遭遇しています。
あなたにも覚えがありませんか？

文章も同じです。
いくら中身がある話であっても、長々と書かれるとうんざりしてくるのです。
次の文章を読んでください。

◆文例

このバッグは、他社のものに比べると、価格は半額なうえにあらゆるお客様のニーズに応えるようにセミオーダーも受けたまわれ、持ち手には滑り止め加工を施し、軽くて丈夫であり、フォーマルな席からカジュアルな席まで対応する使い勝手の良さも魅力の、当社一押しの商品です。

どうでしょうか？

読むだけで息切れしそうです。

「もういいよ！　止めてくれ……」と、なりませんでしょうか？

先の文章は、多少アレンジはしていますが、実際に私がいただいた手紙にあったものです。

新商品のバッグの紹介なのですが、価格・オリジナル性・機能・便利さ……といった商品のセールスポイントを並びたててあっても、私の心は動かされませんでした。

逆に「しつこさ」や「押し付けがましさ」を、感じてしまう。

商品は素晴らしいのでしょうが、文章が影響して「センスの悪いバッグ」になっているのです。

結局、一諸に添えてあったカタログも、ろくに目を通すこともなくゴミ箱行きでした。

たくさんのセールスポイントの中から、何を一番伝えたいのか？

どう伝えたら、相手の心を打つのか？

商品に限らずビジネスの場では、常に考えるべきことです。

ここで、一筆箋を意識して書きなおしてみましょう。

訂正例▼

このバッグは
●セミオーダー仕様でもお値段半額
●軽くて丈夫、持ち手にも一工夫
●ＴＰＯを選ばない便利なバッグ
当社一押しの商品です。


いかがですか？

同じことを伝えているのに、しつこさは払拭《ふっしょく》されていると思います。

たくさん時間をかけ労力を使いたくさんの量を書いても、わずかな感動しか伝えられなかったり逆に反感を買われるとしたら、これほどもったいないことはありませんね。

共感を呼ぶ文章とは、短く分りやすいものなのです。

ストレスフリー　～好感をもたれる～

「素敵な人だな」

「かっこいいなあ」と、目を見張る方にお会いすることがあります。

好みの問題もあるでしょうが、誰もがそう感じるのは体型や行動に無駄がない人ではありませんか？

さらに言えば、メイクアップやヘアスタイルもすっきり。

洋服や小物のセンスが良くて、さわやか。立ち振る舞いが上品で自然な笑顔……。

こういう人には、視線が集まりますね。

見ているだけで幸せな気分になりますし、あんな風になりたいと思うものです。

実は、文章にも同じことが言えます。

同じことを、何度も書く「堂々巡り型」や、やたらと修飾語が多い「文芸小説型」
読み手不在で自分の思いをぶつける「告白型」や、一文が長い「息切れ型」など。
無駄の多い、相手のことを考えない文章は、好感をもたれません。
ストレスを与えていることが多いのです。
ここで、実際に私がいただいた手紙をご紹介します。

◆抜粋

私は、雨にも負けず雪にも負けず、どんな時にも笑顔と元気な声を忘れずに、営業成績を上げるために獅子奮迅《ししふんじん》で頑張って参りましたが、思うような成果が出ませんし、最近では、この仕事が向いていないのではないかと危惧さえしています。

「何を伝えたいの？　要するに、今の仕事が向いていないのではと、悩んでいるのでしょう？　だとしたら、ウダウダ言わずにそう書けばいいでしょう」

手紙を読んでいるうちに、「いい加減にしてよ！」

「読んでいる私の身にもなって……」

相当なストレスを感じました。

便せん三枚に、こういった調子の文章がビッシリ。

私は途中で読むのをやめてしまいました。

投げ出してしまったのです。

実は、この手紙の差出人は二〇代後半の男性です。

そのことだけでも、違和感を持ちますでしょう。

雨にも負けず雪にも負けず……は、この文章には馴染まないですし、獅子奮迅は普通使いませんね。

二〇代の若者らしさが伝わってこない手紙です。

それでは、この文章の無駄をとってみましょう。

訂正例▼

私はどんな時にでも、笑顔で元気に仕事に励んで参りました。
しかし、思うような成果がでません。
最近では、この仕事が向いていないのでないのかと、悩んでいます。

このほうが、気持ちがストレートに伝わると思いませんか？

無駄を省き、その人らしい言葉を使うだけでストレスを与える文章から素直な文章に変わります。

好感をもたれる文章にもなるのです。

変幻自在　～心の味付けができる～

これまで、一筆箋に代表される短い文章で相手に思いを伝えることのメリットを、お話してきました。

「そうか……、要するに文章のムダを省けばいいんだ」

「できる限り短く書けば、思いは届くのか……」

それはそうなのですが……。

文章の量を少なくすることばかりに頭がいくと、ワンパターンの表現になったり、言いっぱなしになったり。

「不況下の日本社会」とか「就職氷河期の到来」などと、評論家のような言いまわしになる。

「慇懃《いんぎん》無礼《ぶれい》の立ち振る舞い」とか「紅顔の美少年」などと、手紙やメールでは余り使わない身の丈に合わない表現をしてしまう。

いずれにしても、冷たい印象になりがちです。

文章のムダを省いたことで、伝えたいことは的確に相手に届いたとしても、「人間味がないな」などと、思われては損ですね。

これを防ぐのが、「ひと言添え」

ひと言添えを活用すると、一筆箋や伝言メモ、走り書きなどに、あたたかさや深み、余韻を与え、あなたらしさを表現することができます。


次の内容を読んでください。

◆伝言メモから

> お先に失礼します。
> ○○様から届いた書類を見てください。

オフィスでは、こうしたメモを受け取ることが多いですね。

先に退社する者から、まだ帰ってきていない者へ伝言を残す。

情報を正しく伝えるだけならば、これでもいいのですが、やや冷たい印象がしませんか？

あなたがこのメモを受け取る立場だとしたら、どうでしょうか？

たとえば、猛暑の中、汗を拭きながらオフィスに戻ってみたら、みんなすでに退社している。

仕事で遅くなったとはいっても、何だかさびしいですね。

そこで、事務的で味気ないメモを読んだら、一気に疲れを感じるかもしれません。

それでは、ひと言添えて文章を変身させてみましょう。

訂正例▼

> 暑い中、お疲れ様でした。
> 申し訳ありませんが、お先に失礼します。
> ○○様から届いた書類を置きましたのでご覧ください。

最初のひと言で、相手はホッとします。

疲れた心も体も柔らかくなっていくのは、間違いないです。

また、「申し訳ありませんが」のひと言が、遅くまで仕事をしている者へのいたわりや思いやりになって……。

ひと言添えるだけで、心の通った文章になるのです。

これらはテクニックというよりも、自然に湧きあがる「心から出る言葉」です。

誰かのひと言が気に入ったとか、かっこがいいからといって、あなたが使って馴染む場合ばかりではありません。

自分の心を託すつもりで書いてください。

知的な仕組み　～ひと言で相手は動く～

これまで、一筆箋に代表される短い文章の魅力についてお話してきました。

相手への思いやりにあふれていながら、自分もラク。

時間も労力も省エネになるうえに、インパクトが大きい。

さらに、ひと言添えを活用すれば、短い文章でも味わいが生まれ、温かさや人間味を表現することができる……。

いいことだらけです。

そして、読み終わると余韻に浸り……。

面識がある方ならば、顔を浮かべ、面識がない場合には「どんな人なのだろう？」と想像をする。

「会いたいな」

「どうしているかな？」

あるいは、「すぐにでも会いたいな……」

「都合は、どうだろう？」

心が、騒ぎ出します。

興味をもち、コンタクトを取りたくなるのです。

これは、長文の手紙やメールでは得にくい効果。

短くて中身の濃い文章だからこそ、想像力をかきたてられるのです。


最近私の周囲では、一筆箋の魅力にはまる人が多いのですが、口を揃えて言います。

「言葉一つで、いかに相手をウキウキさせるか？」

「ひと言で、ワクワクドキドキさせられるか？」

考えるのが楽しい。楽しいから書くことが苦痛でないと。

知的なゲームを楽しむように、皆さん、一筆箋と向き合っていらっしゃいます。

私はこれまで、たくさんの一筆箋を書いてきました。

経験則ですが、テンポとアクセントを意識して書いたものには、相手の反応がストレートにかえってきますが、何となく書いたものへの反応は鈍いのです。

次の例を読んでください。

あなたは、仕事をして、家事をして、子育てをして素晴らしい方です。

気持ちが悪くないですか？

「……して」の連呼ですから……。何とも間が抜けた印象です。

これをテンポとアクセントを意識して、書きなおしてみます。

訂正例▼

あなたは、仕事を行い、家事をこなし、子育てをしている素晴らしい方です。

「……して」の部分をそれぞれ変えてみただけですが、リズムが生まれますでしょう。

先の例は、文章が上滑りする印象があるのに対して、訂正例は浸透していきます。

さらに、自分の思いを補足して書いてみましょう。

訂正例▼

あなたは、仕事を行い、家事をこなし、子育てをしている。

私にはとうていマネができません。

素晴らしい方です。


こうすると、「素晴らしい方」の部分がひきたちます。


言葉は活かし方しだいで、間が抜けたりイキイキしたり。

地味になったり華やかになったり。

ちょっとした工夫で、勢いが生まれるのです。

一筆箋の文章は、人を動かす知的な仕組みをもっています。

これを活かせば、仕事もプライベートの場も、もっと楽しく、もっと豊かになっていきます。

次章からは、そのためのポイントを具体例をあげながら、お話していきます。

第2章

あっという間に書ける7つのポイント

話すように書く

先日、懇意にしている編集者さんから、こんな話を伺いました。

ある方に、急ぎで四〇〇字程度のコメント原稿をお願いしたら「話すことは得意ですが、書くことは苦手。できれば取材して頂けませんか？」と、言われてしまった。

書籍ならば、ライターさんにお願いすることも考えますが、短い原稿ですし締め切りも迫っています。

「苦手でも、自分で書けばいいのに……」と、思ったそうです。

また別の方に伺ったのですが……。

講演を伺い感銘をうけて、手紙を差し上げたら話しぶりとは違った印象の葉書が届いて驚いた。

「あたたかく柔らかな印象のお話とは全くの別人」

事務的で冷たい印象を受けて、がっかりしたというのです。

私にも覚えがあります。

性格も穏やかで気取らない方なのですが、ときおり頂くお手紙は「どなたか別の方が書いているのかしら？」と、思うほど味気ない方がいるのです。

先日届いた手紙の一部をご紹介します（なお、ご本人との関係を考えてアレンジさせて頂いています）。


臼井様におかれましては、私ごとき若輩者《じゃくはいもの》にさまざまなご指導ご鞭撻《べんたつ》を賜り、恐縮するばかりです。弊社商品に関する懇切丁寧なご指導のほどは、誠にありがたく平身低頭してやみません。

臼井様の一層のご活躍を心底《しんそこ》祈念《きねん》してやみません。


彼が企画した商品に私が、ひと言アドバイスをしたことへのお礼の手紙なのですが、かしこまりすぎていて、しっくりきません。

礼儀正しい方ではあるのですが、付き合いだしてもう五年もたつのに、他人行儀で冷たい印象を受けます。

それに、月に一度は仕事でお会いするのに、「臼井様の一層のご活躍を心底祈念してやみません」は、ピントがずれている感じがします。

「やみません」が続くのも、違和感を覚えます。

仕事でもプライベートでも、相手に感謝の気持ちを伝えたいときには、格好をつけずに、素直に書くほうが、思いは伝わります。

ポイントは

①日常会話に近い言葉で書く

②肩の力を抜いて、相手の顔を思い浮かべながら話すように書く

すると、先ほどの手紙は次のように変わります。

訂正例▼

臼井様には、さまざまな教えをいただき、本当にありがとうございました。

弊社商品へのアドバイスは、特に嬉しかったです。

これからも、変わらずお付き合いください。


こちらの文章の方が、相手が目の前にいて、話をしているような親近感を覚えませんか。

頭の中から言葉を絞り出し、それをさらに選んで書くことも、公式な文書には必要です。

しかし、その方法を友人や知人、親しい方や頻繁にお会いする方に使ってしまうと、相手を疲れさせることにもなりかねません。

話すように書いた文章の心地良さとは、かけ離れた結果になるのです。

つかみができればスラスラ書ける

「書くのが面倒」「苦手だ」と思う理由の一つが、書き出しに悩むこと。

手紙でもメールでも、企画書であっても「さあ書こう!」と、机に向かうのですが気合い十分であってもペンが動かない、指が動かない……。

頭の中も、もやもやしていて固まってしまう。

あなたにも経験があると思います。

執筆の仕事をさせて頂いている私でも、張り切ってパソコンに向かったものの指が止まってしまうことがあります。

「あれも書きたい、これも書きたい」と欲が出て混乱する場合と、「こんなことを書いては読者の方に嫌われるかな?」「誤解されるかな?」と、消極的になってしまう場合。

また、これといった理由はないのですが、なぜか一行も書けないときがあります。

気分が乗らない、面倒、うっとうしい、イライラする……。

気持ちの問題で片付けてしまうのは簡単ですが、どんなことにでも相手がおり納期があります。

お礼状や感謝の手紙、提案書など、こちら側の都合で出すものであっても、時期を逸すれば、失礼ですしチャンスを失うことにもなりかねません。


便箋を見つめてため息をつき、パソコンの画面とにらめっこしていても何も始まりません。

こういうときには、とにかく「書き始める」ことが、決め手になります。

「臼井さん、何を言っているの？　書き始めが浮かばないから、苦労しているのでしょう？」

そんな声が聞こえてきそうですね。

ご心配なく……。秘策をご紹介しますから。

ポイントは、

①つかみは極力短く書く

②頭に浮かんだフレーズを迷わず書く

「つかみ一行を気張らずに」と、いうことになります。

書き始めは、頭の中も整理されておらず、気分がのらなくても当たり前です。ところが一行でも、文字にすると、「あっ？　そうか……」「これだ！」と、憂鬱な気分が晴れ肩の力も抜けて、書けるようになるもの。

こうすると自分にとって楽なばかりでなく、読む側にとっても「気楽」に読めるものになります。

読み始めは「何だろう？」「どんなことが書いてあるのだろう？」と、誰もが半信半疑。相手の気分ものっていないことがあるからです。

漫才でも歌でも、演劇でもプロは、つかみに全力を傾けます。

つかみでお客様の関心をひいて、文字通り心をつかんでしまえば、そのあとはうまくいくからです。

文章もまったく同じ。

読む方をお客様だと思って、つかみを大切に考えましょう。
二つの文章を読み比べてください。

(1)臼井様におかれましては、ご多忙のなか小生のような不出来な者がおかした不始末でご心労をおかけしたにもかかわらず、慈愛と慈悲の心をもってご指導を賜ったことは、無上の喜びであり心底感謝してやみません。

(2)臼井様、先日はご迷惑をおかけしました。申し訳ありません。こんなできの悪い私にも優しく接していただいたことは、忘れません。本当にありがとうございました。

どうでしょうか?（1）は、相手に息をつく隙を与えないほど、だらだらと続く。窮屈さいっぱいの文章になっています。

一方、（2）のように書き出しを短くすると、読みやすくなります。さらっと読めるのに、気持ちが伝わるのです。

知的な人は知っている「35文字の法則」

つかみは極力短い方がいいと、お話しました。

では、どれくらいがいいのでしょうか……。

ここまでは合格でこれを超えると不合格という厳密なルールはありませんが、私は35文字前後が基準だと考えています。

その理由は、親しみやすさや読みやすさを重視する本は、一行が35文字前後。

パソコンでは、機種や設定によって違いはありますが、35文字程度ならば一行で読める。

レポート用紙や原稿用紙、ビジネスで用いる書類の一行に収まる文字数は40字前後ですが、ぎっしり書きこんでしまうと、読みづらくなり窮屈な印象を与えるので、余裕を持って35文字。

経験則ですが、35文字程度でしたら、視線を上下することなく読めてストレスも感じない。

ですから、「35文字」がいいと、考えるのです。

本棚に七年以上も前に出版されたビジネス書があれば、一行の文字数を確認してみてください。

そして、最近出版されたビジネス書と、比べてみてくださいね。

どうでしょう。

最近のビジネス書の方が、一行の文字数が少ないうえに、上下に空間があって読みやすくありませんか?

次の例を比べてください。

(1) 書き出しが長文(50字を超えたもの)

ご注文を賜りましたスーツにつきましては、おかげさまでたくさんのお客様からのオーダーを頂戴しております。そのため誠に申し訳ございませんが、お届けには一月ほどお時間をいただくことになりますことを、あらかじめ、ご了承頂きますようお願い申し上げます。

（2）書き出しが短文（35文字以下）

ご注文を賜りましたスーツは、たくさんのオーダーを頂いております。

そのため誠に申し訳ございませんが、お届けには一月ほどお時間をいただくことになりますことを、あらかじめ、ご了承頂きますようお願い申し上げます。

（3）書き出しを短文にして、二行目以降も変更

ご注文を賜りましたスーツは、たくさんのオーダーを頂いております。

誠に申し訳ありませんが、お届けには、一月ほどお時間を頂きます。
○○様には、あらかじめご了承頂きますよう、お願い申しあげます。

（1）よりも（2）の方が、読みやすいですね。
さらに（3）のように、二行目以降も、短文にすると伝えたいことが明確になります。

連絡を目的にした文章では、これで十分ですが、素っ気なさを感じるようでしたら、文中に「○○様には」と、相手の名前を入れる。

あるいは、最後に

「○○様のご愛顧に感謝しております」とか

「なるべく早くお届けできるよう努めます」など。

ちょっとした一言を加えるもいいでしょう。

長々と書くことが、親切だとはいえません。

一行を35文字基準に納めてみるほうが、かえって親切なことも多いのです。

知的で思いやりにあふれたあなたならば、ぜひ心がけてください。

賢い人は漢字に頼らない

先日、読み始めた途端に重苦しい気分に襲われて、すぐに閉じてしまった手紙がありました。

それは、心を閉ざすような悲しい出来事や悲惨な状況を伝える内容では、ありません。

知人から久しぶりに届いた手紙です。

仕事や家族の様子を伝えた近況報告。

しばらく会わない間に起きた、身の回りの出来事をつづったものです。

もっとも、内容を詳しく確認したのは手紙を受け取ってしばらくしてから。

「せっかく送ってくださった手紙なのだから、気分が重くなっても読まないといけない」意を決し、読んでからのことです。

なぜ気が重くなったのか？

それは、難しい言葉と、漢字の羅列。

便箋から重々しさがバンバン伝わってきて、読みたいとは思えないのです。

知人は、大学教授でも評論家でもありません。

商社に勤めるビジネスマンです。

ですが、いただいた手紙には「構築《こうちく》する」「善処《ぜんしょ》する」「担《にな》う」などの専門家が使うような言葉使いがあり。

普段の会話では、ほとんど使わない「不撓不屈《ふぎょうふくつ》」「未来永劫《みらいえいごう》」「滅私奉公《めっしほうこう》」などの四文字熟語や、「賞味《しょうみ》した」「観望《かんぼう》する」「奔命《ほんめい》する」などの表現がずらり。

とりわけ私の気を重くしたのが、漢字の多さです。

難しい言葉を使おうとすると、どうしても漢字が多くなります。

漢字が多くなると、文章が固く読みにくく、内容も分りにくい。

不親切なものになってしまうのです。

次の文章をご覧ください。

◆例

小生は、不撓不屈の精神で長年滅私奉公して参りました。
今後も、一心不乱《いっしんふらん》に邁進する所存です。
諸賢《しょけん》のご健康を祈る次第です。

どうでしょうか？

一文を短く一筆箋に書くように、三行に分けていますから、気分の悪さは感じないと思いますが、固さや冷たい印象はぬぐえませんね。

これを、むずかしい言葉を避けて、やさしい言葉を使い、漢字をなるべく減らして、ひらがなを多く、書きなおしてみます。

訂正例▼

私は、どんな困難にあってもくじけず、働いてきました。
これからも、真面目に努力していきます。
皆さまのご健康を祈っております。

先の例ですと文中の漢字の割合は、五〇％近くになりますが、訂正例ですと、二〇％程度。極端に減っています。

柔らかくなりますでしょう。

一般に、専門書や論文などでは、漢字の比率は四〇％程度。若い方に向けた書籍や小説は三〇％程度。

最近ではビジネス書でも、漢字の比率は三〇％程度になっているようです。

私は、難しいことを難しく伝えるのは簡単ですが、難しいことを優しく伝えるのは難しいと思っています。

書く側が、難しい表現や漢字を多用して伝えようとするのは、自分を賢く見せようとするエゴであって、相手には伝わっていない。むしろストレスを与えているのです。

相手の立場を考えてやさしい言葉やひらがなを上手に使い、分りやすく伝えることができる人が、本当に賢い人。できる人の姿だと思います。

あなたは、漢字に頼っていませんか？

メリハリが生まれる「セリフ力」

話すように書くことの効用は、先の項でお話しました。
ここでは、さらに進めて会話＝セリフを、文章の中に入れるとどうなるのか？
お話したいと思います。
次の文章を読み比べてください。

（1）いつも反抗ばかりしている娘から、母の日にお母さんありがとうと言われて、涙が止まりませんでした。

（2）いつも反抗ばかりしている娘が、母の日に言ってくれました。
「お母さんありがとう」

私は涙が止まりませんでした。

明らかに（2）の方が、気持ちが伝わってきますね。

情景も浮かびます。

読む側は、親子の様子を察し、文章の中に入り込むことすらできます。

セリフというと小説やドラマの世界のように考えがちですが、一筆箋や手紙でも、使えます。むしろ相手への感謝の気持ちやお礼を伝える場合には、セリフを使い素直に気持ちをあらわした方が、響きます。

誕生日にお花を頂き、そのお礼を伝える場合で見ていきましょう。

（1）このたびは、結構なお花をお贈りいただき、ありがとうございました。

　綺麗で可愛らしくていい香りで、たいへん気に入りました。

ふつうは、こう書くと思います。

セリフを使うと、

（2）「わあ、綺麗！可愛い、いい香り」

たいへん気に入りました。

結構なお花をお贈りいただき、ありがとうございました。

喜んでいる様子がより伝わりますね。

また、ビジネス文章であっても、セリフを入れることで、文章にメリハリが生まれ迫力も増します。

次の文章をお読みください。

◆例

弊社の新製品○○につきましては、マスコミでも盛んに取り上げられ、省エネにつながるとか、低価格で時代にマッチしているとか、コンパクトで使いやすいなどの評価をいただいております。

普通は、このように書いたりしますね。

充分、意図は伝わりますが「……とか」が、続いて読みにくい印象もあります。

それでは、セリフを意識して、書き直してみましょう。

訂正例

弊社の新製品○○につきましては、マスコミでも盛んに取り上げられています。「省エネにつながる」「低価格で時代にマッチしている」「コンパクトで使いやすい」など。評価をいただいております。


こう書くと内容は一緒ですが、文章がイキイキしてきませんか。

この場合、新商品が、マスコミからも注目されていて評価も高い。伝えたいのは、その部分です。ですから、伝えたいところをセリフにして文章に組み込んでしまうのです。

ビジネス文章に、セリフを使うことには抵抗がある方も、いらっしゃると思います。しかし、ビジネス文章では、短い時間で的確に伝えることが求められます。そのために、図表やイラスト、写真などを用いていますね。

瞬時に伝える。誤解を防ぐ。ビジネス文章こそ、セリフを活用することをお勧めします。

感動を呼ぶ「五感の法則」

目＝見る、耳＝聞く、鼻＝嗅ぐ、舌＝味わう、肌感覚＝触れる。

私たちは、これらの五感によって外界の状態を認識しています。

「感動した」「感激した」というのは、五感がさまざまに働いて心が動くから。

ですから、五感に訴えるような文章を書けば、相手の心が動きあなたの思いは確実に伝わります。

特に、身近にあるものや経験したこと、慣れ親しんだものなどには、相手の反応も早く、書く側にとってもラク。難しいテクニックも、要りません。

具体的にお話しましょう。

色や形、音楽、風景、情報、香り、感触……などを、文章にいれていきます。

◆例

1

メリハリの利いたスタイルになるように、体を鍛えています。

↓

マリリン・モンロー顔負けのスタイルになるように、体を鍛えています。

メリハリを、女性らしいスタイルの代表格ともいえる「マリリン・モンロー」に置き換えました。このほうが、具体的にイメージできますね。

2

すごく感動しました。

↓

始めて、自転車に乗れた時と同じぐらい、感動しました。

すごくという一般的な表現を、エピソードに置き換えました。
近親者や友人など、自身のことをよく知っている方には、有効な表現です。

3

たいへん驚きました。
←
心臓が張り裂けそうな驚きを感じました。

たいへん、ひじょうに、すごく……。

こうした表現は無難ですが、印象に残りません。

そこで、「心臓が張り裂けそうな……」と誰もが知っている表現に変えると、いかに驚きが大きかったのかが、読む側にしっかりと伝わっていきます。

これまでの具体例は、プライベートでの様子を伝える内容ですが、実は仕事にも応用できるのです。

報告書や提案書、企画書などにも、スパイスのように五感を刺激する文章を使うと、インパクトが大きくなって、あなたの印象もアップします。

◆例

新商品の売れ行きを店頭で調査した時の報告書
新商品の●●は、ものすごい勢いで売れています。

ふつうはこう書きますね。
五感を意識して書くと

訂正例▼　新商品の●●は、息つく暇もないほど売れています。

どれほど売れているのかが、分ります。
グーンと迫力が増しますね。
同様に

瞬きする間もないほどの勢いで売れています。

大げさに思えるかもしれませんが、現場の雰囲気を伝えるにはこれぐらいの表現をする方が、相手に伝わります。
時には、ビジネス文章であっても工夫をされてはいかがでしょうか?

あなたの魅力を高める省エネ文章

一筆箋の最大の魅力は、手間も時間もかからず印象的な文章が書けることです。
文章の量が少なくても形になり、短い文章だからからこそ、伝えたいことが際立つ。
その魅力は、十分お分りいただけたと思います。
そうはいっても、最初はなかなかうまく書けない。
書き出しは短い方がいいとは分っていても、どうしたらいいのか……。
そんな疑問を払拭する方法があります。

話し言葉で、構いません。
先ずは、頭の中に浮かんだ言葉を、思いつくまま文章にしてください。
長いとか短いとか一切考えないで、そのまま書いてみましょう。

次に、文章を読んでみて「ちょっと長いかな?」と思うところを、何箇所かに切ってみます。

次をご覧ください。

◆原文

文章を書くことは、疲労困憊《ひろうこんぱい》する作業であり、これを飯の種にしている作家の辛苦《しんく》は私のような無知な者にも類推できます。

何だか堅苦しく読みにくいですね。

考えた挙句の文章ですが、思いが伝わってきません。

これを二つに切ってみます。

訂正例1▼

文章を書くことは、疲労困憊する作業です。

これを飯の種にしている作家の辛苦は、私のような無知な者にでも類推できます。

だいぶ読みやすくなりました。

しかし、堅苦しさは残っています。

そこで、頭の中に浮かんだままの言葉や話し言葉で、柔らかい表現に変えてみましょう。

訂正例2▼

文章を書くことは疲れる作業です。

これを仕事にしている作家の苦労は、私のような者にでも想像できます。

訂正例3▼

文章を書くのはたいへんな作業です。

作家の苦労は、私にでも想像できます。

原文とそれぞれ比べてみてください。
内容は同じであっても、いろいろと変化を遂げていっています。
原文のように、出だしで「疲労困憊」と、固い言葉を使ってしまうと、呼応するように
その後も固く難しい言葉を使いたくなってしまうもの。
それがよけいに、書くことを難しくさせてしまうのです。

一方、「疲労困憊」を「疲れる」とか「たいへんな」と、やさしい表現に変えて書き始めると、難しい表現はなじまなくなって、やわらかな言葉が浮かんできます。

書くことに苦手意識をもつ人は、この点に気をつけるだけでずいぶんと気持ちが楽になります。

一般的に文章は、短く切りわけることで、すっきり爽やかに、分りやすくイキイキしてくるものです。

しかし、普通の手紙やビジネス文章では、なかなか切ることができません。

便箋の形状やレポート用紙などの様式から、一行を短くすることをためらってしまうのです。

しかし、一筆箋はもともと一枚が五行程度でコンパクトにできています。

長く書こうとしても、すぐに終わってしまいます。

ですから無理をしなくても一行の文字数が減り、文章の量も減って、書くことの苦手意識も減ってきます。

「いいことづくめ」なのです。

第3章

ファンをつくる7つのポイント

元気とやる気を与える秘密ワザ

私の机の引き出しには、友人からいただいた手紙が入っています。

手紙といっても、わずか五行の簡単なものですが、私にとってはかけがえのない宝物。

地震や火災に見舞われたとしたら、真っ先に持ち出す大切な手紙です。

一〇年ほど前、会社の運営や人間関係のトラブルに悩んでいた時、いただいた手紙ですが、封を開けた途端、それまでのしかかっていた重荷が消え、目の前に青空が広がるような感覚を覚えました。手紙にはこうありました。

頑張り屋の由妃さんへ

明るく楽しく暮らす方法を教えます。

1 息抜きと仲良しになる

２　顔晴る（頑張るじゃないよ）
３　私を頼りにする
これでも私、結構役にたつと思う　　　　○○○子

読み終わると、自然に笑みがこぼれました。と同時に、彼女の思いやりに、涙が止まらなかった。

「ゆったり構えて、笑顔でいなくてはいけない。こんなに私のことを気遣ってくれる人がいるのだから……」

体の芯からやる気がみなぎってきたのです。

彼女は普段、ユーモアを言う人ではありません。この手紙を書くには、知恵をしぼったことでしょう。

悩みを打ち明けない強がりの私を、楽にさせるにはどうしたらいいのか？

考えた末の手紙だと思います。

仮に、手紙の内容がこうだったらどうでしょうか？

いつも頑張っている由妃さんへ
悩みを解決する方法を教えます。
1　何事も根気強く
2　今以上に頑張る
3　人を頼りにしない
あなたに期待をしている
〇〇〇子

「そんなことを言わなくても……。あなたに何が分るの？」

私を励まそうとする彼女の気持ちは分っても、反感を感じたでしょう。

当時の私ならば、余計に頑なになったに違いありません。

元気ややる気を与えようとして、つい言ってしまう「頑張って」も、相手によっては、重荷に感じる。普通の状況ならば、気にも留めない「〇〇ない」「〇〇しない」も落ち込む材料になることが、あるのです。

たとえば

1　昇進しない、昇給しない、年収が上がらない嫌な世の中です。

否定語ばかりで、気が滅入りますよね。同じ内容でも、

2　昇進が厳しい、昇給は難しい、年収も安くの世の中です。

1の分章に比べると、2は、だいぶ、明るく感じませんか？

せっかくの文章が、相手に不快感や挫折感を与えては、もったいないですね。

特に一筆箋のような短い文章では、一つ一つの言葉の重みが大きいだけに、気を配る必要があります。私は、次の点に注意して書いています。

①否定語は肯定語にする　例：「ダメ」↓「大丈夫」「できない」↓「できる」など

②元気ややる気を与える言葉や記号を使う　例：「ルンルン」「！」「ベリーグッド」など

③ユーモアも取り入れる　例：「笑顔美人さん」「さわやか○○ちゃん」など

④明るい表現を使う　例：「すっきり」「爽快」「おだやか」など

すると、先行きが不透明な状況であっても、明るく前向きに思えてきます。

言葉は生き物です。言い方一つ書き方一つで、困難が希望に、挫折も勇気に変わっていきますよ。

突っ込みを入れたくなる一行

最近、近所のスーパーで頻繁に流れている曲があります。

「ウイスキーがお好きでしょ、もう少ししゃべりましょ……」とささやくように始まる、石川さゆりさんが歌う「ウイスキーがお好きでしょ」です。

この曲が流れると、思わず「ハイ好きですよ」というふうにうなずく人や、「それで？」と、聞き返すそぶりをする人がいます。

そこに石川さゆりさんはいないのに、会話をしているような……。

私もこの曲が流れると「アルコールは苦手なんですよ」とか「飲めないもので……」と、心の中でつぶやいてしまうのです。

これは、石川さゆりさんの歌唱力によるところが大きいですが、歌いだしのインパクトが強いから。

「ウイスキーがお好きでしょ」と言われると、「そうね……」「好きですよ」「どうかな?」「あなたは?」と、相手の共感や協調、納得、親近感などが生まれます。

さらに、曲の冒頭が質問からなので「えっ?」「何とおっしゃいましたか?」と、ある種の驚きも生まれ、聞く者の心が惹きつけられるのです。

これは、一筆箋においても同じこと。

書き出しのインパクトを強めると、「それで?」「なるほどね……」と、思わず突っ込みを入れたくなるもの。

そこに相手はいないのに、文章がイキイキしてきて言葉のキャッチボールをしているような臨場感すら生まれるのです。

私が一筆箋を書くときには、次の2点に気を配っています。

①相手をのせる一行から始める(共感・納得・親近感・微笑など)

②相手を驚かせる一行から始める(衝撃・警告・意外性・歓喜など)

それぞれ、ご紹介しましょう。

①の例　「春とはいっても寒いですね」「○○さんのお庭の桜は、もう咲きましたか?」

②の例　「昨日、○○さんによく似た方をお見かけしました」「ここだけの話ですが……」

こんなふうに、書きだしを工夫しています。

次の文章を読み比べてください。

◆例　普通の文章（友人にあてた結婚の報告）

私は、かねてより交際しておりました○○さんとこのたび、縁あって結婚することになりました。これで私もやっと、ミセスの仲間入りができます。幸せになります。

訂正例1　**相手をのせる一行から始める場合**

臼井さんに、真っ先にご報告します！
私は、かねてより交際しておりました○○さんと、結婚することになりました。
これで私もやっと、ミセスの仲間入りができます。
幸せになります。

訂正例2　相手を驚かせる一行から始める場合

ミセスの仲間入りをします！
私は、かねてより交際しておりました○○さんと、結婚することになりました。
幸せになります。

書き出しを変えると、印象がずいぶん変わってきます。ぐいぐい文章に引き込まれます。この方法は、相手との距離を縮める技としてぜひ活用してください。

心をつかむキーワード

心をつかむキーワードとは、相手が興味を示してくれると想像できる言葉のこと。

一筆箋をはじめとする文章に、キーワードを上手に活かすことができれば、否応なしに相手は魅せられます。

キーワードとしてふさわしい条件は、次の二つです。

①相手の趣味・趣向に関する事柄　例：音楽好きな人には最新のヒットチャートや、好きなアーティストの話など

②仕事に関係する情報　例：相手の仕事に役立つと思われるニュースや、キーマンの情報など

相手のことを詳細に知っていれば、難なく浮かびますね。

しかし、あまり理解していない方の場合には、想像ではなく妄想の世界での話になってしまいますから、これらは使えません。

そこで、活用できるのが最近のニュースをキーワードにする方法です。

例えば、「桜前線もそこまできましたね」（桜前線がキーワード）とか、「○○ブランドのニュースで、もちきりですね」（○○ブランドがキーワード）などがあげられます。

ただし、核になる言葉を決めても、長々と書いてはキーワードが活きてきません。

前記の条件に
①豊かさ　②便利さ　③衝撃　④ユニーク　⑤あこがれ　⑥覚えやすさなどの条件が加われば、間違いなく頭に残ります。
心をつかむこともできます。

私の経営する会社では健康グッズを販売していますが、商品カタログやパンフレットのコピーには、「抜群の使用感」「究極のくつろぎ」「すっきり爽快」「安心安全」などをよく使いますが、これは先の条件を意識したものです。

書籍のタイトルにもありますね。

成功、法則、○○力、運、縁、できる～などのキーワードをタイトルにした書籍は、多いです。これらがあると、多くの読者の注目をひくことができるということなのでしょうね。

キーワードを活用すると、相手の心をつかむというだけでなく、文章そのものが短くなって読みやすく理解しやすい。

インパクトも大きくなるなど、一筆箋には最適の条件が整ってきます。

ここで、ビジネスとプライベートの両面で活用例をご紹介していきましょう。

◆ビジネス編

お客様を増やすために行うことがら　↓　集客方法
固定客をつくるために行う仕掛け　↓　顧客獲得作戦
たくさんのお客様から再注文を頂いている商品　↓　リピート率抜群の商品
家族皆さまで使っていただけるようにデザインする　↓　ファミリー仕様のデザイン
価格をこれまでにない安さにする　↓　衝撃の低価格

◆プライベート編

あまりの美しさに見とれてしまいました ↓心を奪われる美しさ
あなたを誰よりも幸せにします ↓ 地球一幸せな女性にします
私ほど幸せな男性はいないと思います ↓ 世界最大級の幸せ男
かつてないほど感激しました ↓ 超感激！
こんなにドキドキしたことはありません↓ 未経験のときめき

いかがですか？
キーワードの力は偉大です。ただし使い過ぎには注意してくださいね。
文章にリズムは生まれますがどうしても、機械的なイメージになってしまいますから。
ほどほどでお願いします。

結論優先で書いてみよう

手紙や書類を読んでいて、「いったい何が言いたいんだ?」と、叫びたくなる時がありませんか? こねくり回した表現や、まわりくどい言い方が多いと、閉口しますね。

結末の大よその見当はつきますが、ビジネス文書の場合には想像で判断しては、とんでもないことになります。

イライラしても腹が立っても、最後まで読まないわけにはいきません。

言いわけや説明が文章の九〇%以上で、結論が付け足しのように書いてある文章や、「この先どこにいくのか?」と、コロコロ場面が変わる文章、たくさんの情報にあふれている文章は、読み手泣かせ。

ストレスを生じさせる迷文だと思います。

文章を書くのが苦手な人や、手紙を書こうと思っても挫折するという人の中には、自分でも何を書いているのか分らなくなってしまう。

伝えたいことが何なのか？

文章の核は何か？　がつかめていない人が、多いように思います。

そういう方におススメしたいのが、ニュースや新聞の記事、週刊誌の見出しを参考にすること。

情報を的確に素早く伝えるのが目的のこれらの媒体では、先ず結論が目に飛び込んでくるように書いてあるからです。

あるスキー場のにぎわいを伝えるニュースでは、間違っても

「今年は全国的に暖冬のために、滑降できないスキー場が多いが、ここ○○スキー場は、雪不足の心配もなく、連日家族連れやカップルなどで賑わっている」とは、書きません。

伝えたいのは、スキー場のにぎわいなのですから、それが先にこなければニュースとしては、失格。

「○○スキー場は、雪不足の心配もなく連日、家族連れやカップルなどで賑わっている。今年の冬は暖冬で、滑降不能なスキー場が相次ぐ中で……」というふうに、結論を先に書くのが普通です。

この例では、どちらの方が伝わりやすいか？　印象に残るかの問題ですが……。

結論を先送りにすると、とんでもない文章になることもあります。

次をご覧ください。

◆例

来年弊社は、○○事業に着手することが決まりました。
しかし、親会社の倒産のあおりをうけて、残念ですが事業撤退を余儀なくされました。

実際、私に届いたDMにあった文章です。頭が混乱しますでしょう。

言いたいことは何なのかが、分りません。

この会社は、事業を撤退したのに、事業に着手するのですか？

おかしな文章ですね。

結論を先に書けば

訂正例▼

弊社は親会社の倒産のあおりを受けて、事業撤退をすることになりました。
来年は、○○事業に着手することが決まっていただけに残念です。

この文章ですと意味が通じますね。

「こんなおかしな文章は、書かない」とあなたは思うかもしれませんが、時系列が逆になっている文章はかなりの頻度で目にします。

結論を先に書けば、誤解が生じることも相手に不信感を与えることもありません。

会話をする時でも、結論は何かを日ごろから意識しましょう。

それだけでも、文章は分りやすく読みやすくなってきます。

テンポ・リズムを良くする2つのワザ

一筆箋であろうと企画書であろうと、文章は、コミュニケーションツールです。

なかでも、本書で一筆箋を勧めるのは、より早くより的確に、思いを相手に伝えることができるから。誰もが忙しく、仕事にプライベートに追いまくられているなかでは、一筆箋の価値は、ますます高まっていきます。

さらに言えば、一筆箋を上手に活用できる人は、コミュニケーションの達人になれると、思います。

一筆箋は、縦一八センチ、横八センチほどの短冊形の便せんに三行程度。

長くても五行ほどをつづるだけで充分、形になる手紙です。

少ない文章量で済むわけですから、筆無精の人や書くことに苦手意識のある人にとっては、ありがたい存在ですし、読む人にとっても、サッと読めて時間のロスが少ない。

コミュニケーションの切り札です。

最近は、こうした特徴を理解し一筆箋を使用する人＝「一筆箋人口」が、着実に増えています。この二〜三年で倍増した感があります。

しかし、いただいた一筆箋を拝見すると、手紙の内容を縮小しただけ。

一筆箋は使っているものの、何枚にも及んでいて封筒がパンパンになって送られてくる。

手紙にしたほうがいいのでは？　と首をかしげる時もあります。


一筆箋には、従来の便箋にはない形状やデザイン、女性好みの可愛いものや季節感を取り入れたもの、限定生産の逸品まで。さまざまなスタイルのものが、販売されています。

ですから、便箋には興味を示さない人もおしゃれ心をくすぐられて、「一筆箋を書いてみよう」と、考えるのでしょう。

これは、歓迎すべきことなのですが、便箋のスタイルをそのまま持ってくると、せっかくの一筆箋の特徴や良さがでません。

さっと読めてスッと分る。

一筆箋の特徴を活かすには、テンポとリズムが決め手になります。テンポとリズムというと、難しく感じるかも知れませんが、次の2点に気を配るだけでも、リズミカルで気のきいた一筆箋になりますよ。

①文章の最後に変化をつける

②心地いい言葉を使う

文章の最後に変化をつけるとは、「です」「である」「でしょう」「ですね」「○○かもしれません」「○○だろうか?」というように、文末に変化をつけることを示します。

次の文章をお読みください。

私は、中小企業の経営者です。正直つらいことばかりです。泣きたいです。逃げ出したいです。誰も私の気持ちをわかってくれないです。

「です」を連発すると、単調でつまらない印象になってしまい、意味は通じますが、記憶に残りづらい。それでは、少し変化をつけましょう。

私は中小企業の経営者です。正直つらいことばかりで、泣きたくもなります。逃げ出したい時もありますね。誰も私の気持ちをわかってくれません。

こうすると、テンポが変わってきて間延びした印象が、払拭されると思います。

また、心地いい言葉を使うとは、響きが気持ちいい「ルンルン」「ランラン」「ゆったり」などをスパイス的に使ったり、濁音を極力使わないことを示します。

たとえば、

ダメだと断言されても断固として　↓（濁音だらけの文章を変えると）　かたくなに断られても信念をもって

早起きをした日は爽快で前向きな気持ちになる　↓（響きのいい言葉を使うと）　早起きした日はルンルン気分でウキウキする

一筆箋を出す相手にもよりますが、こうした方法も覚えておいてくださいね。

少しの工夫で文章だけでなく、あなたの印象も変わります。

少ない言葉で多くの情報を伝えるために

体言止めという表現法をご存知ですか？

体言止めとは、短歌や俳句などで見られる技法で、文章の最後を名詞で終わらせるもの。

「柿食えば　鐘が鳴るなり　法隆寺」（正岡子規）「古池や蛙飛び込む水の音」（松尾芭蕉）などがあげられます。

歯切れがよくて、余韻を感じさせるには効果的です。

ヒット曲にもありますね。

代表的なものには、五木ひろしさんが歌う「よこはまたそがれ」があげられるでしょう。

よこはま　たそがれ　ホテルの小部屋
口づけ　残り香　煙草のけむり

ブルース　口笛　女の涙……。

名詞で文章が終わっていますが、充分意味は通じますし、かえって想像力をかきたてられますね。

あるいは、ブログや日記では体言止めで、こんな書き方をすることもあります。

◆例　「来客3名　○○にて一緒にランチ　その後商談　午後3時解散」

「お客様が3名いらして○○で一緒に昼食をとり、その後商談をおこない午後3時に別れた」と書くよりも、文章の量が少なくなって歯切れもいいですね。

私もブログを書いていますが（アメーバ公認ブログ「臼井社長の幸せバンクブログ(http://ameblo.jp/dr-yuki/)」）、その中でも、テンポやリズム、緊張感やスピード感を出したい時に体言止めを、使っています。

◆例　凛とした表情　笑顔満面の女の子　ドキドキワクワクの一日

少ない言葉で多くの情報を伝えるには、体言止めは大いに役立ちます。

特に、文字数の限られた情報誌や新聞広告などではよく使われていますね。

ただし、欠点もあります。

どこか投げやりで冷たいイメージも与える。

それに、体言止めを使い過ぎれば、書く人が自分の文章に酔いしれているような印象を与えてしまう危険性もあります。

一筆箋には、スパイス的に

①報告や連絡メモ、スケジュールの確認
②テンポやリズム、緊張感など変化をつけたい時

などに、使うのが好ましいでしょう。

◆例　友人が勧めてくれた勉強会の感想（体言止めを使用）

○○さんがすすめるだけのことはあります。　講師最高　参加者◎　雰囲気バッチリ大満足　感謝！　次回も参加させて頂きます。

◆例　同じ内容を一般的な書き方にすると

○○さんがすすめるだけのことはあります。講師のレベルが高く、参加している方々も素晴らしい方ばかりで、勉強会の雰囲気も良かったです。大いに満足しています。
○○さんには、感謝いたします。次回も参加させて頂きます。

先の例は、感激している様子がひしひしと伝わってきますね。

後の例はていねいですが、感激のレベルはやや落ちる感じがしませんか？

好みの問題もありますが、逸《はや》る気持ちを伝えたり感動をそのままに表現する時などでは、体言止めは生きてきます。

ここぞという時に、文章を味付けするつもりで使うのがいいでしょう。

一筆箋は余韻で勝負

フルコースで料理をいただくと決まって最後には、デザートが出てきます。

「甘いものは別腹」と言いますね。

「もう食べられないわ……」と言いながら、デザートでしたら、パンパンになったお腹を押さえて、食べられるもの。

すると……。

それまでの料理がいま一つであっても、不思議と満足感が出てくるのです。

これは、最後に食べたものが最も印象に残りやすく、デザートの良し悪しがフルコースの価値を決めてしまうくらい力を及ぼすから。

ですから、一流のレストランになればなるほど、デザートに力をいれています。

文章にも同じことが言えます。

文章におけるデザートは、文末。

わずか数行の一筆箋では、文末を大切にすることで、デザートで得られるような満足感が生まれるのです。

とかく、「今後ともよろしくお願いします」や「簡単ではありますが、ご挨拶に代えさせて頂きます」と、無難な表現で終えてしまいますが、ときには文末をひとひねりすると、文章全体が生きてきます。

それまではパッとしない文章であっても、一気におしゃれに輝いて見えてくるのです。

私は「一筆箋は余韻で決まる」と、思っています。


文章に自信がない人は、始めの一行は何とか書いてもその後が続かず、最後の一行に到達した時には力が尽きて、先のような表現や「ご報告まで」とか「先ずはお礼まで」と。

簡略化した挨拶で終えてしまいがちです。

書き出しももちろん大切ですが、「終わりよければすべてよし」です。

文末には、手を抜かないことです。

私は、次の五点に注意して書いています。

①元気や勇気のわく言葉で終える
②親近感や共感をくすぐる
③ユーモアを添える
④自分の素直な気持ちを余韻に残す
⑤ここだけの話で終える

旅先から友人に送った一筆箋の場合で見ていきましょう。

①のパターン

今、沖縄に来ています。
一週間のんびりして、すっかり充電できました。張り切って働きます!

②のパターン

今、沖縄に来ています。
一週間のんびりして、すっかり充電できました。
●●さんがおっしゃるように、体はいたわらないといけませんね。

③のパターン

今、沖縄に来ています。
一週間のんびりして、すっかり充電できました。五歳は若返りましたよ。

④のパターン

今沖縄に来ています。
一週間のんびりして、すっかり充電できました。
帰りたくないかも……？

⑤のパターン

今沖縄に来ています。

一週間のんびりして、すっかり充電できました。そういえば、●●さん好みのお店をみつけましたよ。

文末で、人柄や感情を示すと思わず笑顔になったり、頷いたり。
相手は余韻にひたり、ときめくに違いありません。

第4章

相手をときめかせる7つのポイント

言葉のストックを増やす

「コーヒーは絶対にブラック。ミルクやお砂糖を入れたら、せっかくのコーヒーの風味が分らなくなる」という人がいる一方で、「ミルクを入れた方が、まろやかになってコーヒーの味がひきたつ。ミルクは絶対に入れるね」という人。

「何を言っているんだ。お砂糖を入れて飲んでみなさい。絶対においしくなるから！」という人もいます。

コーヒーだけでなく、人にはどうしても譲れないこだわりが、あるものです。

食べ物、飲み物、ファッション、ヘアスタイル、趣味……、他の人にとっては何でもないことが、当人にとってはひっかかる。しっくりしないことも、多いですね。

私にもあります。

どんなに疲れている時でも、毎日、手のケアをしないと気が休まらないのです。

顔のケアは後回しにしても、手のマッサージと保湿パックは怠りません。

この話をすると、皆さん驚きますね。

「手のケアですか？　なぜ？」

なぜって言われても、手が荒れていたらテンションが下がりますし、人前に、そんな手を出すのは失礼。「それは顔も同じでしょう？」と言われたら、返す言葉もないのですが、どうしても譲れない私のこだわりなのです。


こうした生活全般にこだわりを持つ人も、言葉へのこだわりは持っていない。あまり気にしない。ワンパターンの表現でも、不思議に思わない人が多いのではありませんか？


でも、立場を変えて考えてみましょう。

暑中見舞いのはがきや、夏の時期にいただく手紙、ＤＭなど、もらった郵便物のすべてが、「暑中お見舞い申し上げます」とか「暑い日が続きますが、いかがお過ごしですか？」

「暑さ厳しい折、お体お憩《いこ》い下さい」と。

「これでもかの暑さ攻撃」には、うんざり。「暑さ負け」してくるのではないでしょうか？

そんななかに「ビールがおいしいですね」とか「太陽がまばゆい季節です」「汗かきの私には、辛い時期です」と言った言葉があったら、どう思いますか？　暑いという言葉を使わなくても、季節感は伝わりますし、かえって人柄が出て読むのも楽しい手紙になります。

食べ物や趣味と同じぐらい、あなたには言葉にはこだわって欲しい。いいえそれ以上に、こだわって欲しいと思います。言葉へのこだわりをもつことは、文章を生き生きとさせるだけでなく、あなたの人間性や魅力を伝えるにも役立つからです。

「良い」という単純な言葉があります。そのまま「良い」を使って「お会い出来て良かったです」とすると、相手は「こちらこそ」変化をさせて「お会い出来て嬉しかったです」とすると、相手は「そんなに嬉しいの？　私も嬉しいです！」気分の高揚を感じますね。さらに、変化させて「お会い出来て最高の気分です」とすると、相手は「そこまで言われると照れるな……。

また会いしましょうか?」いっそう喜びは高まります。

このように、言い換えることで、相手の心も微妙に変化してくるのです。語彙《ごい》、言葉のストック、言い換えのバリエーション、こうした言葉へのこだわりを持てば、文章は鮮やかになります。

ここで皆さんがよく使う表現を例に、言い換えのバリエーションをご紹介します。

(その1) きれい

(いいかえると) 美しい　魅力的　魅惑的　キュート　チャーミング　美人さん　心をとらえて離さない　眩《まばゆ》い　エレガント　凛《りん》とした　優雅　麗しい　知的

(その2) たくましい

(いいかえると) 丈夫　頼りになる　信頼できる　びくともしない　骨太　頑丈　健康的　支えになる　恰幅《かっぷく》がいい　堂々としている　タフ　打たれ強い　男らしい

どの表現が正解とか、好ましいというわけではありません。あなたならではの表現で構いませんから、言い換えてみてください。あなたの魅力を増すためにも、役立ちますよ。

書き出しにオシャレ心と華やかさを

一筆箋は、長くても五行程度の文章量です。
分りやすく読みやすいことが求められる。
形にとらわれるよりも、素直に肩の力を抜いて書く「カジュアルな趣」があります。
書き出しを短文で始めることで、スラスラと書く。
インパクトのある書き出しにすれば、さらに書き手の知性を光らせることもできます。
もちろんそれだけでも、思いは伝わるのですが……。
相手の心を揺さぶるような仕掛けができれば、もっと文章が輝いてきます。

私は、ビジネス文章であっても、心をあたためたりなごませたり、笑顔にする。
相手が喜ぶような書き出しにする必要があると、思っています。

仕事がうまくいくかどうかは、資金や労力、タイミングなどの問題も大きいですが、最終的には、人。

相手があなたに心を開き、あなたとの関係がうまくいくかどうか。

コミュニケーンがはかれるかどうかが、仕事の成否を決めます。

一筆箋が、その橋渡しをするのです。

最近は、デジタルツールが真っ盛りです。

定型のフォーマットを利用すれば、あっという間にビジネス文章も手紙もかけてしまいます。これなら難なくコミュニケーンがはかれるようになると、思うのですが……。

定型文はしょせん万人向きであって、あなたが思いを伝えたい方にマッチしているとは限りません。

あなたなりのおしゃれ心を発揮させて書く文章には、かなわないのです。

特に書き出しで心をとらえる一筆箋ならば、相手はたちまちあなたのファンになることでしょう。

ここで、私がいただいた嬉しい手紙（一筆箋）をご紹介しましょう。

◆原文　講演会を受講していただいた方から届いた手紙

臼井先生、ガツンと頭をはたかれた思いです。
叱ってくれてありがとうございます。
やっと、本気になれました！

私が特別この方を叱ったり、意見したりしたわけではありません。講演の感想を、「ガツンと頭をはたかれた思い」と、書き出し一行に込めて書いてくださったのです。

普通でしたら、このように書くのではないでしょうか？

◆よくあるパターン

貴重なお話をお聞かせいただき、誠にありがとうございます。
多くの気づきや学びを得ました。
今後ともよろしくお願い致します。

けっして悪い表現ではありませんが、事務的です。

丁寧な方だとは思いますが、心を打たれるまではいきません。

しかし、原文には完全にやられました。口元がほころんで心があたたかくなるのを、感じたのです。

◆原文

お世話になります。

お電話でご依頼をいただきました、見本品をお送りします。

どうぞ、よろしくお願い致します。


こんなビジネス文章も、書き出しをオシャレにすると、

訂正例▼

元気なお声を聞けて嬉しい限りです。

ご依頼の見本品をお送りします。

どうぞよろしくお願い致します。


何だか心がなごみませんか？　これが書き出しの力なのです。

スラスラ読める言葉を使う

文章は目で読んでいるようで、実は、耳でも心でも読んでいます。

たとえ目で文字を追っていたとしても、心の中で声をだし、その声を聞いているのです。

わずか数行の一筆箋でも同じです。

必ずといっていいほど、心の中で朗読をしています。

ですから、心地よくスラスラと読めるような文章ならば、相手は耳元で自分に話しかけられているような気分を味わうことができます。

文章を書く時には、必ず声に出して読みやすいか？

響きが心地良いか？　つかえずスラスラ読めるかを確認しましょう。

特に気をつけて欲しいのは、次の二点です。

①声に出して美しい言葉を使う

②リズムに乗って読める言葉を使う

①は、ダ行やガ行などの濁音をなるべく使わない。

響きに気をつけることを意味します。

たとえば、ダメ、ドジ、ダサい、冗談じゃない、ガヤガヤ、ガミガミなど。

これらは、読みにくいですし響きが心地良くありません。

②は、読むうちに乗ってくる、リズム感あふれる文章です。

五・七・五調を意識したものや、一息で読める文章が当てはまります。

次の文章を声に出して読んでみてください。

(例) 先日は、貴重なお時間を頂戴致しまして恐縮しております。

よく使う表現ですね。

非常にていねいですし、文章そのものに問題があるわけではないのですが、「頂戴」や「恐縮」のところでつかえてしまう。スラスラ読めないのではありませんか？
これを、スラスラ読める文章に変えてみましょう。

訂正例▼

先日は、貴重な時間をありがとうございます。

また、相手を勇気づけるために書いたこんな文章も、実は読みにくかったりします。

（例）あなたの実力からして、成功の確率は著しく高いと確信しています。

途中で何度も息継ぎをしなければ、読めないような雰囲気ですね。
これも、

訂正例▼

あなたならば、必ず成功しますよ。

こうすると、すっきりして読みやすくなります。

思いもしっかり、伝わりますね。

私は、舌が短いのか長いか、回りくどい表現は苦手です。

ですから、書いた文章は必ず声に出して、自分を基準にして「噛まずに読めるか？」「つかえずに読めるか」を、チェックしています。

経験則ですが、私で問題がなければ、ほぼ間違いないと思っています。

そうした気遣いをしているおかげでしょうか……。

「臼井さんの手紙を読むとホッとする」「読みやすい」と言われます。

ありがたいことです。

文章の内容も大切ですが、声に出してみてどう感じるかを、心がけてくださいね。

人間力で一筆箋の達人になる!

会話をする場合、一気にたたみかけるように話しては、相手はひいてしまいます。

話をしたいことが山ほどあっても、伝えなければいけないことが多くても、いきなり伝えるのではなく、一呼吸置くことが肝心です。

ゆったりと余裕をもって、話をすることが求められます。

なぜでしょうか?

相手にも聞く準備が、必要だからです。

「どんな話をするのかな?」

「あの話かな?　それとも?」

いろいろと思いをめぐらせて、あなたに関心がいったところで話を始めれば、すんなり伝わるのです。

また、強調したい言葉の前後では、間をおくことです。

すると「どうしたのかな?」「えっ? 何?」

興味がわいたところで、話をすればその部分が印象に残ります。

私は講演の仕事もさせていただいていますが、参加者に考えて欲しいところや、覚えて欲しい数字などを示す時には、意識的に間を置きます。

たとえば、

「ここに、二つの商品があります。一つは○○（間を置く）、もう一つは●●（間を置く）」

あるいは、「これから三つ（間を置く）大切なことをお話しします（間を置く）。一つは（間を置く）○○で……」

こうすることで、話にメリハリが生まれるだけでなく、期待感が高まりより集中して私の話を聞いてくれるようになるのです。


これは、一筆箋を書く場合にも言えること。

文章量が少なくても形になる手紙だからといっても、いきなり本題に入れば、相手は面食らいます。

「どんなことが書いてあるのかな?」

相手に、心の準備を促す「間」が必要です。


たとえば、地方の名産品に一筆箋を添えて送る場合

(例)○○様のお口に合うと思いましたので、送らせて頂きます。


この書き方も悪くはないのですが、やや突き放す感じがしませんか?

相手の好みを考えて選び、心をこめて送る品物なのに、これではもったいない気がします。それでは、「間」を意識して書いてみましょう。

訂正例▼

やっと……、手に入りました。

「●●の羊羹《ようかん》」は、地元で今、話題の逸品です。
○○様のお口に合うと思いましたので、送らせて頂きます。

文章量は増えますが、「やっと……、手に入りました」で、「何だろう?」と興味がわき「●●の羊羹は……」で、「なるほどそうか……」と思う。

相手の気持ちを深く感じることができます。

さらに「やっと……」と、「……」がありますね。この部分があるとないとでは、感じ方が違うのです。

「……」があると、文字通りやっとの思いで手に入れた品物。

私のために「ありがたいな」という思いが、広がります。

急を要する文章は別ですが、贈り物に添える一筆箋や私的な手紙では、相手の心の動きを考えながら、「間」を意識して書いてみる。

「間」を自由に操れる人は「言葉の魔術師」。

いい意味で、相手の心を操れる「一筆箋の達人」になれます。

臼井流オリジナル言葉の作り方

私は経営者として、自社の商品企画やパンフレットの製作にかかわっています。

会社で取り扱う商品のほとんどは、私のアイディアによるもの。

それだけに、商品のネーミングやキャッチコピーにも、こだわりたい。

一目で理解できて覚えて頂ける、「記憶に残る」商品名やコピーを考えるようにしています。これは、広告宣伝費にお金をかけられない中小企業の経営者や起業したての方には、特に納得していただけるのではないかと思います。

どんなに優れた商品を作っても、お客様に使っていただかなくては、その良さは伝わりません。使っていただくためには、商品の名前なりキャッチコピーなりに振り向いてもらわないと始まらないのです。

私がこだわっているのは、イメージよりも機能が伝わるような言葉。

一般的に使われている言葉でもいいのですが、「何？」という驚きや、商品を前にして目がとまる、手が止まる……。

ある種の期待感をお客様に抱いてほしいと考えると、どうしても造語を使う場合が多いです。

たとえば、

商品名ですと、ウエッパー（ウエストに巻く薄手の腹巻き）

これはウエスト＋ニッパー＝ウエッパー

ジキドリーム（磁気の効果で熟眠を促す枕）

これは「磁気の効果で夢心地になる」の、意味で考えたもの。

舌をかみそうな長い名前や、意味不明のイメージを訴える名前にしないのは、分りやすさを重視しているからです。

またキャッチコピーは、「巻くだけでお腹すっきりウエッパー」「バン・キュ・ボンの理想体型」など、五・七・五調やリズムの良いものを選んでいます。

これらを作る時の基本は

①一般的によく使われている言葉や知られているもの同士を組み合わせる

②響きのいい心地良い言葉を使う

実は、一筆箋にも通じることばかりなのです。

商品の説明文では

「マメで・まじめで・まっすぐな人向けの……」（「ま」でつなげる）

「安心・安全・安価」（「安」でつなげる）

一つの音をつなげて、まとめることもします。

さらに

◆例　恩師にあてた一筆箋では

「あいうえおの法則」をご存知ですか?
あきらめず、いこじ（固地）にならず、うぬぼれず
えんりょしないで、おもいこまない。
私の生き方宣言です。
横道にそれていたら、お叱りください。

◆例　友人にあてた一筆箋では

生きることは行動すること
行動することは仕事をすること
私、決めました。
○○さん、見ていてね。

法則にまとめたり、スローガンのように書いたりすることもします。言葉を組み合わせたり削ったり、一定の方法でまとめると、「オリジナルの言葉」ができます。そして、スパイスのように使う……。

この方法は、まだあまり浸透していません。それだけに差別化できるポイントです。頭が切れる「できる人」という印象が広がりますから、ぜひ試して欲しいですね。

相手に合わせたお得情報を伝える

どんな人でも、自分は特別扱いされたい。大切にされたいと思っています。

「私のことは、お構いなく……」と、おっしゃる人でも本当に構われなかったら、「何で？」とさびしくなるものです。

人は誰かと、どこかでつながっていたい。

しかし、干渉されたり意見されたりする。始終そばにいられるのは、かなわない……。

わがままで贅沢な思いを、もっているのです。

私も、仕事に没頭している時には、「声をかけないでほしい」「電話も取次がないで……」と思います。しかし、ひとしきり仕事が落ち着くと「●●さんに、会いたいな」「そう言えば最近、連絡がないけれどどうしたのかな？」と。

構って欲しくなります。

これは私に限ったことではないでしょう。

自分にとって有益な話ならば、聞きたい。ぜひ教えて欲しい。

心のうちを察してくれる人がいたら、ありがたいと思っています。

そんな時に、

「臼井さんが探していた資料を、●●（連絡先が明記）で見つけました。お役にたてば嬉しいです」

あるいは、

「臼井さんは、●●グッズが好きでしたよね。

限定で○○が、売り出されるのをご存知ですか？」などと、情報を教えてくれる人がいたら、大切にしてくれていると感じて、嬉しくなります。

相手を見直して、好意を持ちます。


一筆箋でも印刷した手紙やＤＭでも、相手に合わせたお得なひと言情報があれば、ほのぼのと温かくなってくるものです。

もちろん、「お世話になります」「ご無沙汰しております」「お元気ですか」などの便利な言葉もあります。それで十分なのですが、いつも同じでは、「私はその他大勢の人、特別大切にされているわけでもない」とか、「相手にとっては、それだけの存在なのだ」と、思いたくもなります。

私は、一筆箋もそうですがメールや印刷した手紙を送る時ほど、一通一通、相手の顔を思い浮かべ、それぞれの相手にふさわしいお得情報を書くようにしています。

お得情報とは、①興味のあるもの　②探し物　③笑顔になる話題　④ホッとする話題　⑤お役にたつことなどです。

引越しをする知人にあてたお得情報

◆例

私、後片付けと、掃除には自信があります。
お引越しのおりには、手伝わせてください。

蕎麦好きの友人にあてたお得情報

◆例

最近、見つけた○○です。

とろろそばが、秀逸です。

ご一緒しませんか？

肩コリに悩んでいる方にあてたお得情報

◆例

肩コリストの私が頼りにしている○○先生です。

よろしければご紹介します。


なお、お得情報は一つにしぼるのがポイントです。

いくつも書くのは恩着せがましく、お節介なイメージになりますから注意してくださいね。また印刷文であっても、お得情報は手書きに限ります。

「大切なあなただから」というイメージを伝えるためにも、ここだけは手書きにしてくださ い。

第5章

一筆箋で仕事はうまくいく！

一筆箋で認められた女性経営者

会社の業績を上げるにはどうしたらいいのでしょうか？

一つの答えになるような、行動を見せた女性経営者がいます。

彼女は、二年前にインターネットを中心としたＰＲ会社を立ち上げました。

事務処理や雑用を行うアルバイトが一名と彼女。

一人会社といってもいいですね。

本人が行動しないことには、業績をあげることはできない状況です。

ところが、彼女は人前で話すのが苦手。

社員の時代に、職場の人間関係で苦労したこともあって、人相手の仕事は避けたい。

なるべく人に会わずに話をせずに、できる仕事がしたいということで、現在の会社をたちあげたのです。

そんな彼女ですから、精力的にお客様を開拓することや、得意先を回っての商談は、ほとんどしません。

友人や知人を頼って、お客様の紹介をお願いすることもあまりない。

私が電話をすると、決まってオフィスにいて……。

「一年ぐらいは、会社は持つかもしれないけれど、先行きは大丈夫なのか？」

「会社を運営していくことなど、彼女にできるのか？」

正直、私は不安で仕方がありませんでした。

ところが、彼女は次々に新しい仕事を決め得意先を増やし、お客様から紹介を頂き、紹介からまた紹介を生み……。

私の心配をよそに、嬉々として仕事をしているのです。

どうしてなのか不思議でした。

そして、先日、理由を知って驚いたのです。

彼女は、来る日も来る日も、丁寧にお客様への手紙を書き続けていたのです。

インターネットを通じてお客様になって頂いた方はもちろんですが、問い合わせのあった方にも、誕生日のメッセージを贈ったり、その方にあったお得な情報を伝えたりします。

クリスマスや季節のご挨拶も欠かしませんでした。

一度でも問い合わせがあれば、お客様の情報として誕生日が分りますすし、彼女の会社に何を求めているのか、期待されているものも把握できます。

それらをもとに、その時々のタイミングで、一人一人に向けて手厚い対応をしていたのです。その武器が一筆箋でした。

多い時は、一日に三〇通は書くそうです。

私もプライベートの内容の一筆箋を、いただいたことがありますが、その文面は読みやすく、気のきいた言葉が添えられていました。

人間性が垣間見えて、応援したくなったものです。

◆抜粋

三五歳の決意表明をさせてください。
仕事ができる経営者になりたい。
でも……、もっとなりたいのは
お客様を喜ばせることができる人です。

インターネット中心で仕事をしていくことを決めた彼女が、頼りにしたのが「一筆箋」。

デジタルの世界で働く人が、アナログツールともいえる「一筆箋」を武器にしたのは、何とも面白いなと思います。

メールでは表現しにくい「あたたかさ」や、手書きの文字からほとばしる「優しさ」を伝えたかったのでしょうね。

仕事をスムーズに進め業績をあげるためにも、一筆箋が手助けになることを、彼女は教えてくれました。

営業力が今一つ、人前に出ると緊張してしまう。

そういう人にとっては、一筆箋は究極のコミュニケーションツールになるのです。

ひと言を武器にトップを走り続ける営業マン

気のきいたひと言が表現できたら、どんなにか人間関係が豊かになるでしょうか？

あるいは、不可能に近いこともできてしまうのでしょうか？　知人のTさんを見ていると、その可能性があることをつくづく感じます。

Tさんは、世界に名だたる高級車を販売する営業マンです。

彼のお得意様には芸能人やお医者様、弁護士や有名企業の経営者などが名を連ねています。

こう書くと、いかにもやり手で、車同様洗練された雰囲気の男性を想像してしまいますが、実はまったく逆のタイプの人です。

失礼ですが、あまり仕事ができるようには思えないのです。

どちらかというと、おしゃれのセンスもパッとしない「しがない風情の中年営業マン」

です。

お話させて頂いて分ったのですが、口数が少なく、私が彼の目を見て話をすると恥ずかしいのでしょうか、視線をそらすようなところがあって、あまりいい印象も持てなかったのです。


ところが営業所のなかでは、成績はいつもトップ。

極端ですが「この人は、一〇〇〇円の商品を勧めるのもやっと。一千万円に手が届きそうな、高級車なんて勧められるはずがない！」

私は、不思議で仕方がありませんでした。

秘密を知りたくて、彼に興味を持ち始めたのです。

そして、ある日、用事をつくり営業所にお邪魔しました。

彼に、それとなく聞いてみました。

「●●さんは、トップセールスマンなんですよね」

「私、驚きました、ごめんなさい。だって押しが強いわけではないし、謝りついでに言うと……」私がそこまで話すと、笑いながら「風采が上がらない……でしょう」

「えっ？　そんなことは……、ないですよ」

本人の言葉に、どう対応しようか困っていると
「いいですよ。僕ももう少しセンス良くしなくてはと思っていますが、うまくいかないですね」（笑い）雰囲気もなごんだので、思い切って尋ねてみたのです。

「秘密の営業術というか、○○さん流販売テクニックみたいなものがあるの？　良かったら教えてくれませんか？」

「あったら、僕の方が教えて欲しいですよ……」（しばし沈黙）

「じゃあ、毎日必ずすることは、ありますか？」

「う～ん、特別なことではないですが……」

そういうと、いつも持ち歩いている書類入れから、あるものを取り出したのです。


五種類はあったでしょうか？　一筆箋でした。

彼の話によると、仕事の合間に顧客カードをチェックしては、車の点検のタイミングや買い替えの時期のご案内、オーナー様の誕生日だけでなくご家族の誕生日にもカードを贈る。クリスマスやバレンタイン、暑中見舞い、季節のご挨拶……。

その方にあった一筆箋を選び、送っているそうです。

「でも、しつこいとか思われないかしら……」

私はしっくりこなかったのですが、彼の説明を聞いて納得しました。

必ず、相手が嬉しくなったり、元気になったりします。あたたかなひと言を添えるそうです。

九州に転勤になったお客様には
「東京へお越しの際は、声をかけてください。空港までお迎えにあがります」
暑さが苦手だとおっしゃるお客様への暑中見舞いには
「暑さ対策を改めて考えました。一、打ち水　二、首まわりに冷たいタオル……」など。
こういった一筆箋を受け取って、悪い気持ちがする人などいないでしょう。
私が当事者だったら、笑顔になって、用事がなくても彼に連絡をとったり、お客様の紹介をしたりするでしょう。
彼がトップ営業マンであり続けるのは、一筆箋のパワー。とりわけひと言添えによるところが大きいと思います。

案内状でファンを増やす起業家

手紙やはがき、ファックス、メールなど。いただくものの中で、いちばん多いのは「案内状」では、ないでしょうか？

仕事関係でいえば、設立記念、新規事業のご案内、業界団体の会合やパーティー。人事異動や転勤、業務の拡大縮小……。

プライベートでは、結婚や出産、入学進学、引っ越しなど、多岐にわたっています。

仕事関係ではほぼ一〇〇%が印刷されたものですし、プライベートでも、手書きのものは年々減ってきています。

最近驚いたのが、地元の特産品に添えられた手紙です。

「ご賞味ください　〇〇」の一行だけなのに、そのまま印刷されていたのです。

よほど、字のきれいさに自信がないのか分りませんが、少々さびしい思いがしました。

皆さん、お気づきかもしれませんが、プライベートの印刷物や、人事異動や転勤の案内では、手書きのひと言を添える人がいても、大勢に出す「会合やパーティーの案内状」では公私の別なく、ひと言を添える人など見当たりません。

事情は察することができますが、仮に、私あてにひと言を添えても、案内状の封をする段階で、別の封筒に入るかもしれません。

臼井由妃あてのひと言添えが、別の男性経営者のもとに届く可能性もあるのです。

流れ作業のように、印刷物に宛名ラベルを貼る状況では、こうした事態は想像できます。

ですから、ひと言添えることができなくても、仕方がないとも思います。

しかし、プライベートのパーティーのご案内でも、同じように考えるのは合点がいきません。

プライベートの集まり、それも一〇人足らずならば、宛名ラベルや案内状の中身そのものは印刷物であっても、手書きのひと言は欲しいですね。

せっかくの催しが、味気なく感じてしまいますし、たいして相手にされていないようで、忙しいなか時間をやりくりして参加することなど、躊躇してしまうでしょう。

そんななか、プライベートの集まりはもちろんですが、大勢の方に出す案内状であっても、必ず手書きのひと言を添えてくださる方がいます。

起業して間がない「二〇代の方」なのですが

◆例

久しぶりに臼井様の元気な顔がみたいです。
気分転換に、いらっしゃいませんか？
お会いできれば、最高に嬉しいです。

いただく郵便物には必ずなんでもないひと言が、手書きで添えられています。

昨年、この方が主催したパーティーがありましたが、その際送られてきた案内状には「晴れがましい会には華が必要です。

臼井様に出席して頂ければ華ができます……」と、ありました。

少々強引な文章ではありましたが、笑顔になりました。

他の方でも、こうしたひと言があれば、参加の意欲は高まるのは間違いないでしょう。

実際参加させていただいたパーティーには、どこでどう知り合ったのだろうと思えるほど、著名な方が多くいらしていました。

何人かとお話をさせて頂きましたが

「彼のことは、応援したくなる」

「何だか、放っておけない」

そんな声が、聞かれました。

私も同感です。ひと言の魅力には、誰もが弱いものなのです。

これからも、彼はひと言添えでファンを増やし続けると思います。

伝言メモは会社の心臓

ひと言添えや気のきいた一行が、力を発揮するのは一筆箋に限ったことではありません。業務連絡や、伝言、メモや走り書きであっても、ひと言添えると添えないとでは大きな差が生まれます。

特に社内でもっとも頻繁につかうのが、伝言メモ。

インターネットが完備しているから、メモはあまり使わないという会社であっても、電話のメモや、会議中にかかってきた緊急連絡、席を離れている社員の机に書類を置くときなど、使う場面はたくさんあります。

もし、これが間違った使われ方をしたら、間違いなく仕事は停滞します。

場合によっては、多大な利益を損なうかもしれません。

伝言メモは、会社の心臓ともいえる大切なツールなのです。

伝言メモには、以下のような条件が求められます。

①短く分りやすい文章である

修飾語やあいまいな表現は使わない。

②できる限り具体的に書く

数値化できるものは量や大きさを明確にする。

③時間や名称、メモを書いた人の名前を書く

相手の名前や会社名はフルネームで書く。

④場合によっては相手に向けた労《ねぎら》いの言葉を書く

お疲れさまです。お先に失礼させて頂きますなど。

⑤筆記用具にも配慮する

にじまない、濃い色合いの黒、ボールペンが最適です。

次の二つのメモを比べてください。

◆例1

臼井様
東京商会より、新商品について問い合わせがありました。
連絡をくださいとのことです。

◆例2

臼井様
東京商会の山田部長様からお電話あり
新商品の仕入れ価格について、急ぎで確認したいとの用件
一九時まで会社におられるので「帰社次第、お電話を」との伝言です。
一八時一〇分　斎藤　受付
雨の中、お疲れ様でした。お先に失礼致します。

例1では、明日にでも連絡をすればいいのかと思ってしまいますが、例2を読むと、緊急の用件です。さらに言えば、誰からのどんな内容の連絡なのかが、例1ではまったく分りません。誰が書いたメモかも分らないでは、対応しようにも困ってしまいます。

もし、これが、クレーム対応や緊急の発注でしたら、どれだけのトラブルが起きるか想

像したただけでも、怖くなります。

実際の話です。

三日間の出張を終えて、金曜日の夜遅く会社に戻ると、私の机にこんなメモがありました。

社長へ
高田様より連絡あり。戻り次第、すぐに電話が欲しいとのことです。

「どこの高田様？　いつ書いたメモなの？　誰が書いたの？」

頭の中は？マークでいっぱい。事情を聞こうにも午後八時を過ぎていましたから、社員は全員帰った後です。私は想像できる限りの高田様に連絡を取ったのですが……。分らずじまい。翌週になって分ったのですが、高田様ではなく竹田様でした。

こんな例もあるのです。

伝言メモをおろそかにしては、余分な作業や心配が生まれます。

一筆箋を参考に、メモをぬかりなく書いて欲しいものです。

その気にさせる依頼文

忙しい中で、お願い事をされると正直困ったと思います。

引き受ければ余分な時間や労力がかかるわけですから、どうしても逃げ腰になります。

しかし「こんな風に言われたら、仕方ないな。引き受けますか……」

あるいは、「ここまで言われて断ったら、まずいよね」と、引き受ける。

反対に「絶対に、断る！」「冗談じゃないわ、馬鹿にしないで！」と、頑なに拒否する場合があります。

お願い事は、叶ってこそ意味があります。

さらにいえば、相手も喜んで（無理しないで）引き受けたくならなければ、「ゴリ押し」。

あなたの立場が上ならば、権力を笠にしての無理難題ともなります。

私がお願い事をする際は、基本は口頭で伝えます。

相手の目をみて、話をすればこちらの真意も伝わりますし、相手が渋々ひきうけたのか、納得しての承認なのかが分りますから。

しかし、遠くにいる相手や一度にたくさんの方に伝えたい場合には、どうしても文章であらわすことになります。

こうした場合、相手の状況は想像できても、確信がありません。

お願い事を受けるだけの時間や、労力や心の余裕がないかもしれません。

またお願いごとは、相手よりも自分優位です。得になるのは自分であって、相手にとっては歓迎できない場合が多いものです。

ですから、相手は「いいことではないはずだ」「たいへんなことだろう?」と、構えて文章を読む……。

この辺りの心理状態を理解して、お願いする必要があるのです。

私が気をつけているのは次の四点です。

①命令調は止める　反発を食らうだけです。
②否定文は慎む　間違いなく敬遠されます。
③強い表現は避ける　傲慢な印象を受けます。
④暗いイメージの言葉は避ける　読む気が失せます。

次をお読みください。

明日、早朝ミーティングあり
午前七時出社のこと

命令をされているようで、冗談じゃないと思いますね。これを訂正します。

明日、早朝ミーティングを行います。
たいへんだとは思いますが、
午前七時には出社してください。

簡潔で丁寧なものいいでしたら、同意も得やすいのではないでしょうか？

また、反発を食らいそうなこの文章はどうでしょうか?

社内は、終日煙草厳禁
喫煙は不健康
迷惑行為です。

命令調なうえに、否定文と強くて暗いイメージの言葉の羅列では、気持ちが滅入るだけですね。読んでいるうちに、怒りがこみ上げてくるかもしれません。

この文章を、相手を立てた、やわらかな表現に変えてみます。

社内では終日、禁煙をお願いします。
煙草は、決まった場所でお楽しみください。

不健康なのは、百も承知ですから、そこは省きます。

さらに、迷惑を「決まった場所でお楽しみください」に変えると、プラスの要素も加わりますから、相手の納得も得られやすい。その気にさせることができます。

お礼状はサンドイッチ方式で書く

サンドイッチは、二枚のパンに具が挟まれています。

パンがなければ、具は飛び出し、手も汚れてしまいますし、パンが厚過ぎれば、食べにくい。具とパンがお互いをひきたてて、初めて美味しいサンドイッチが出来上がるのです。

いきなりサンドイッチの話をしたのは、理由があります。

一筆箋を使った手紙は、まさにサンドイッチだからです。

たとえば、三行程度であらわすお礼状でしたら、

一行目　パン　挨拶
二行目　具　感謝の言葉や感想
三行目　パン　挨拶

挨拶で、感謝の言葉を挟むパターンです。パンそのものの味は淡白で、これといった個性はありません。むしろ個性は、出さなくてもいいぐらいです。

一方、具は無限大に変化がつけられます。具の選び方しだいで、こってりしたサンドイッチにも、さっぱり系のサンドイッチにもなります。じわじわと心に染みていく文章にするのも、さらっと事務的に伝えるのも、具の選び方しだいというわけです。

次の文章をお読みください。

> このたびは、結構なお品をお送りいただき、ありがとうございます。（挨拶）
> 家族一同、感謝しております。（感謝の言葉）
> 取り急ぎお礼まで申し上げます。（挨拶）

よく目にするパターンのお礼状ですね。パンも具も淡白、ありきたりで、面白みがないです。大切な二行目も活きていませんね。

二行目の感謝の言葉を、思わず笑顔になる表現に変えてみます。

> このたびは、結構なお品をお送りいただき、ありがとうございます。（挨拶）
> 家族全員で、奪い合いになる美味しいお菓子でした。（感謝の言葉）
> 取り急ぎお礼まで申し上げます。（挨拶）

あるいは、

> このたびは、結構なお品をお送りいただき、ありがとうございます。（挨拶）
> 甘いものが苦手な主人まで「もっとよこせ」というほど、大好評でした。（感謝の言葉）
> 取り急ぎお礼まで申し上げます。（挨拶）

じんわりしみてくる表現もできます。

> このたびは、結構なお品をお送りいただき、ありがとうございます。（挨拶）
> 一口いただくごとに、○○様のやさしさが広がっていきました。（感謝の言葉）
> 取り急ぎお礼まで申し上げます。（挨拶）

贈り物をすると、相手に喜んでもらえたのか？

自信をもって贈ったものであっても、誰もが不安は隠せません。

そんな時、こうした具に配慮したお礼状が届いたら、安心します。

喜びが行き交っているようで、絆も深まって行きますね。


とかくお礼は電話やメールで済ますことが多い時代ですが、手書きの文章には、デジタルなツールでは出しにくい「温かみや柔らかさ」があります。

文字からにじみ出る個性も独特な魅力があります。捨てがたい味がありますね。

三行程度の簡単な文章をつづるだけでも、充分気持ちは伝わります。

二行目の具をアレンジするだけでも、いいのです。

容易に個性を演出することもできますから、サンドイッチ方式に、ぜひチャレンジしてくださいね。

ＰＲ文章の基本は一筆箋

ＰＲ文章を書くのは、特別なセクションで働く人や、専門分野の方ばかりではありません。プレゼンテーションで、企画を売り込むときにも必要となります。

転職や昇進試験の時には、自分のセールスポイントを手短に説明したり、会社の中でも、宣伝部や広報部、販売促進の部署だけではなく、営業マンがお客様向けの販促チラシを考えたり、ご案内状を書いたりするときにも必要です。また、手作りのＰＯＰを書くのも、ＰＲ文章の一つです。

そうしてみると、ＰＲ文章を書く機会は本当に多いことが分ります。

一流の仕事人でしたら、ＰＲ文章が難なく書けるスキルを、もち合わせたいものですね。

そして、このスキルは「一筆箋を書くこと」で磨かれるのです。

これまでもお話してきたように、一筆箋では、読みやすさ、分りやすさ、インパクトの強さが求められます。これはそのまま、PR文章に当てはまるのです。

最初のうちは、書くことに苦手意識をもちながら一筆箋を書き始めた方が、一〇通も書く間に変わってきます。

相手の反応の良さに感激し、書く楽しみを実感するようになり、連絡メモやメール、ビジネス文章まで、見違えるほど分りやすいものを書くようになるのです。

自然と文章作成能力がアップしていきます。

この効果は驚くほどで、私自身もこれまでに大きな変化を体験してきました。

一筆箋の魅力に気づき意識して書くようになってから、苦もなくPR文章が書け、キャッチコピーも浮かんでくるのです。

もちろん、会社の威信をかけて取り組むようなプロジェクトの場合やチームを組んで取り組む事業などでは、PR文章は、プロの手に委ねることになると思いますが、それでも「こんな風に伝えたい」「こんなイメージで広報したい」という骨子が、示せる人とそうでない人とでは、評価が違ってきます。

ＰＲ文章が書けるか書けないかで、あなたの将来も変わってくるかもしれないのです。

ＰＲ文章のポイントは、

①インパクトが強い文章

意外性や、物珍しさ、驚き、納得、共感など、目がとまり心が動くものです。

②伝えたいことは少なめに

あれこれ盛り込むのは、あれもこれも伝わらない。

③記号や会話もとりいれる

！　？　♪「えっ？」「何？」など。

商品にしても、自己紹介にしても伝える側には、言いたいことは山ほどあります。商品でしたら、開発コンセプト、お勧めしたい方、価格、競合他社、商品特性……。ですが、それらを全部伝えたら、長くて読みづらく分りにくい文章になります。自分は満足しても相手は、退屈でしかたがないでしょう。ストレスになる文章ではＰＲにはなりません。言いたいことは一行のＰＲ文章では、次の三つほどにとどめるのが賢明です。

言いたいことが山盛りの文章で、響くものがありますか？

◆例

楽して痩せたいという贅沢な希望をかなえるには、○○が最適。巻くだけでウエストがすっきりの簡単ダイエットが可能。面倒くさがり屋の人にぴったりなのが○○である。

言いたいことを三つにとどめると

◆例

巻くだけ！　スリム！　○○（商品名）

どうですか？　納まりがいいというか。

このほうが、覚えやすくインパクトもあると思います。

言葉を絞り込んだ方が、一つ一つの言葉が生きてくるのです。

一筆箋を書くようになると、あなたも気づきますよ。

依頼と指示が明確になる

言葉は蜜にも毒にもなる

私は、常日頃そう思っています。

相手の立場や心情を考えずに、自分の伝えたいことだけを投げると、思いもかけない結果を招くことがあるからです。それは、本人が意図していないで行ったことだけに、始末が悪いものです。自覚症状がないわけですから、また同じことを繰り返してしまいます。

相手を元気づけるつもりで伝えた甘い「蜜」が、相手をへこませる苦い「毒」にもなる場合だってあり得ます。

自分の経験から言えることですが、口ぐせのように使う「頑張ってね」「頑張ろう」も、明日をも知れない方に言えば虚しさがつのりますし、必死の思いで働き、自分の許容範囲を超える物事をこなしている人に、「もっと頑張ろう！」と伝えたら、苦しくなるばかりです。

依頼も指示も相手の気持ちになって行いましょう。文章にする場合も口頭でも、基本です。

仕事には、立場上の上下関係が存在します。

上司と部下、得意先と仕入れ先、お客様とメーカーなど、上下関係で動いているのがビジネスの世界です。

ですからどうしても、立場が上のものが出す依頼や指示は、命令口調になったりイメージ先行の話になったりします。相手にとっては理解しがたい、気に障ることがあるのです。

先日、ランチで利用したレストランのホールで、思わず「可哀想!」と思う場面に出くわしました。

「おい、そこのあれ、ここにもってこい!」

ホールの主任さんらしき男性が、アルバイトの女性に指示をしていたのです。

これは、具体性を欠く指示の見本のようですね。しかも、名前を呼ばずに「おい」ですから、私だったら「臼井という苗字がありますけれど」と、反抗するか聞こえないふりをするか……。いずれにしても、「傲慢で自己中心的な奴！」と、思いました。

口頭で伝える場合には、まだ救いがあります。相手が理解できず困った顔をしていたり、不機嫌そうだったりしたらフォローもできますから。

しかし、文章では取り返しがつきません。せっかくの依頼や指示が伝わらず反発を買うようでは、仕事が停滞しますし、あなた自身の評価もガタ落ちです。

依頼や指示をする場合の基本は

①命令口調はやめる
②具体的に伝える
③相手の気持ちになる

自分が言われて嫌な伝え方を、しない。当然のことなのですが、忙しさや「自分は分っている」という気持ちから、基本を忘れてしまうのです。
こんな文章をみたら、あなたはどう思いますか？

私の机は絶対に触るな。掃除もするな。

これが上司だったら、そんな人の元で働くのが嫌になりますね。
それでは基本を守り、書きなおしてみましょう。

私の机の上は、そのままにしておいてください。
掃除をしなくても、構いません。
よろしくお願いします。

これならば、部下も納得しますね。
仕事は、さまざまな人の協力で成り立っています。相手の気持ちになって書いた文章ならば、毒には決してならず、人間関係を潤す蜜になります。

また会いたくなる仕掛けをする

あなたは手紙やメールを頂いた方に「また会いたい！」「すぐにでも顔が見たい」「お話をしたい」と、思ったことがありますか?

私はあります。

……というよりも、私自身がそういう気持ちになるように、手紙やメールに仕掛けをしているのです。

仕掛けというと、戦略的な匂いがして嫌悪感を覚える方がいるかもしれませんが、相手を笑顔にさせることや、ウキウキした気分になっていただくことです。

私の仕掛けとは、言葉で「おもてなし」をすることなのです。

こうした考えをもつようになったのは、ある方との会話がきっかけでした。

「たくさんのメールが毎日届くけれど、どれもこれも同じでつまらない」

「つまらないって？」

「仕事の連絡なのだから、仕事のことを書いてくれれば、いいけれど、それだけなのも、機械的じゃないかな？」

この方がおっしゃるのも分ります。

仕事の依頼や指示、連絡のメールならば、正しく内容を伝えることが一番です。そこに褒め言葉や季節の挨拶、近況報告がなくても一向に支障はありません。余計な文章をいれて内容を分りにくくするよりも、これだけしか伝えないとした方が、相手の理解も早いでしょう。

ただ、以前もお話したように一筆箋に代表されるような短い文章では、余韻が大切です。読み終わったあとに、じんわりしみてくる感情を演出しないのは、もったいないのです。

私はこの方の「機械的」という言葉が、ずっと引っかかっていました。

ほとんどのビジネス文章が機械的ならば、私は「手作り感」を大切にしようと思います。なぜならば、文章から体温や息づかいなどが感じられるからです。

お会いしている方には、私の顔を思い出させ、お会いしていない方には「こんな人ではないのかな?」と、想像させます。そんな要素を文章に入れようと決めたのです。

そういうと、高度なノウハウのように思ってしまうかもしれませんが、文末の締めの言葉を工夫するだけです。

たとえば、ビジネス文章の場合、「今後ともよろしくお願い致します」や「ご自愛ください」などで締めるのがほとんどだと思いますが、この前か後に一行加えます。

◆例　お会いしたことがある方には

○○様と一緒に仕事ができると思うと、つい笑顔になります。
今後ともよろしくお願い致します。

ご自愛ください。
○○様のことが気になって仕方がない臼井由妃より

また、

オフィスの窓から眺める桜、最高ですよ
コーヒーのいれ方が上達しました。ごちそうしたいですね。

◆例　お会いしたことがない方には

いつかお会いできることを夢見ています。
ご自愛ください。

今後ともよろしくお願い致します。
お会いしてそう伝えたいですね。

読み終わった後に、心の中で「臼井さんはそう思っているのか?……」つぶやいて頂ける。私と会話をしているような気分になる。そんな文末にしています。こうすると、実際お会いした時にもすぐに心を開いて頂けますし、次にお会いする時にも時間の隔たりがなく、すんなり会話ができます。

相手の心を一気につかむ7つの法則

この章では、ビジネスの場で一筆箋や手紙の類をいかに賢く活用するかを中心にお伝えしてきました。

最初は難しく感じる方法もあるかもしれませんが、本書を参考にして一〇通もかけば、一筆箋に馴れて、書くことの楽しさを覚えると思います。

大切なことは、義務感で書くのではなく、楽しみながら書くことです。楽しみながら書かないと、会話以上に、そのときの気分が文章にはでるのです。

「嫌だ、たいへんだ」と思いながら、書けば「嫌々書いたつまらない文章」になりますし、ワクワクルンルン心を躍らせて書けば、「心地よい楽しい文章」になります。

文章は正直です。

書く人の心のうちを反映するのです。楽しんで書くためには、相手を楽しませる視点をもちましょう。伝えたいことがあっても、それを受けてくれる人がいなければ伝わらないのです。伝えることが、必ずしも伝わることにはならないと、肝に命ずる必要がありますね。

ここで私が実践している「相手の心を一気につかむ7つの法則」をご紹介します。

これは相手を楽しませる法則でもあり、自分も楽しめる。

一筆箋や手紙や、ビジネス文章を書くのが楽しくなる法則です。

あ＝あなたを意識する　大勢に向けた文章でも最も伝えたい人を想定して書く。皆さんではなくあなたです。

い＝意味が通じる言葉を使う　業界用語や専門用語は極力使わない。一二歳ぐらいの子供でも分る表現を心がけています。

う＝自惚れず自惚れさせる　自分の立場が上でも相手をたてる。気持ちよくさせる基本です。

え＝遠慮はほどほどにする　回りくどい表現や、へりくだり過ぎる表現は避ける。かえってばかにされていると受け取る人もいます。

お＝思い込みで書かない　きちんとした根拠のあることを書く。人から聞いた話は調べてから。聞きかじりの情報では、相手に伝わりません。

か＝簡単に簡潔に感情を大切にする　一筆箋の基本。機械的な表現ばかりでは飽きられます。人は感情の生き物ですよ。

く＝工夫は無限大にある　書き方だけでなく筆記具一つ、フォーマット一つ変わるだけでも文章からうける印象は変わるものです。

これらが、全部できなくてもかまいません。

先ずは、一つだけでいいですから意識して実践してくださいね。

そして、少しずつ課題を増やしていきましょう。

三つできれば、セミプロ級。

五つできれば、プロ。

七つできれば「一筆箋の達人」であり「コミュニケーション職人」です。

付き合い上手になってこそ仕事がうまくいくのです。これは、太鼓判を押します。

第6章

一筆箋で人生はうまくいく！

一筆箋で口下手を克服したビジネスマン

何度かお会いしている人とは会話になりますが、初対面の方とは、会話にならない。話がかみ合わないという人は、多いものです。

「今日は寒いですね」と、聞かれれば「はい、そうですね」と答えるものの、あとが続かない。

定番の質問だと思った「最近、ご商売はいかがですか?」も、「えっ? 順調であるはずなど、ないでしょう?」とか、「あなた、先月うちの得意先が、倒産したのを知らないの?」などと、言い返されたら顔面蒼白。言葉に詰まる……。

口下手を自認している人もそうでない人も、会話は難しいですね。

特にビジネスの場では、空気を読まない話をしたら、取り返しがつかないことも、ありえます。

だからこそ、話し方に自信が持てないという人が多いのです。

知人のKさんもその一人です。

仕事が経理事務ということもあって、一日中机に向かって、電卓片手に数字とにらめっこ。会話をするのも限られた人とだけです。

決算前になると、一日誰とも口を利かないこともあると言います。

経理が仕事ですからお愛想も、営業トークも必要ありません。挨拶程度で、用が足りると思ってきたのです。

そんなKさんに、想像もしない事態がおこりました。

「現場を知れ！」という社長の声で、経理であっても月に何度かは、営業部の社員に同行して、得意先を回ることになったのです。当然、パニックです。

営業トークは同行する社員がしても、黙ってそばで笑っているだけではすみません。

気のきいた挨拶の一つもできなければ、その場の雰囲気も悪くなります。

何よりも彼を悩ませたのが、同行する社員は彼よりも年下で、どう見てもKさんが上司に見えてしまう。営業の責任者に見られてしまうことでした。

実際現場にでると、お客様からは、彼の方に「やっかいな質問」が浴びせられたのです。

応えられるわけもなく
「あの……、その件に関しましては、急いで検討します」「後ほどお答えします」「上司と相談して善処します」と、伝えるのがやっと。挨拶も満足にできたか、不安でした。

そして……、社に戻って上司や同僚と相談して質問に答える……。ですが、彼は口下手です。相手の顔を見ると緊張して早口になり、シドロモドロ。

大切な用件を、漏れなく伝えられるかの自信がありません。


そんな彼を救ったのが「一筆箋」でした。

初めてお客様を訪問したら、その日のうちに、お礼状を出します。

このたびはお忙しい中、ご面談をいただきありがとうございました。

活気溢れる貴社とお取引できることを、光栄に思います。

簡略ですが、お礼のご挨拶まで。

そして質問に対しては、営業の社員と相談しながら、メールや一筆箋でフォローをしていきました。

〇〇の件でご連絡させていただきました。
①納期については、〇月〇日（貴社指定倉庫）
②価格については　〇〇円（前回お見積りより一〇円値引き）

このように、大切なことは箇条書きにして分りやすく伝えたりもしました。

取引先様の設立記念日や、担当者の誕生日、相手先に役立つ情報など。徹底して一筆箋を駆使して伝え続けたのです。

その結果、彼を担当に指名する会社が続出しました。話すこともやっとの彼なのに……。

なぜだか分りますか？

一筆箋でやりとりしていると、すぐそこに相手がいて、いつも会話をしているように思うのです。何度も会っていなくても、心が通じるからです。

一筆箋が、時間や距離を超えさせるのです。彼も少しずつ会話する楽しみをみつけていき、口下手も克服できたのです。

一筆箋日記で目標を達成する

あなたは、日記をつけていらっしゃいますか？

子供のころは欠かさずつけていた方も、社会人になり仕事に追われプライベートの付き合いや、やることが増えてくると、日記を書くことなどなくなってしまう。

日記を書きたくても続かないというのは、本当のところでしょう。

私も何度も、「三日坊主」を繰り返してきました。

日記帳の数だけは誇れます。

なぜ続かないのか？　どうして、簡単に挫折するのか？

それは、形にとらわれているからです。

日記は、覚書というか、人生の機微を綴るもの。

誰かに見せるために書くものではありませんから、どう書こうと自由なはずです。

しかし、子供のころ、夏休みになると決まって宿題に出された「絵日記」や「読書日記」を想像して、「綺麗に書こう」とか「上手に書こう」と意識してしまうのです。

自分のための日記であることを、忘れています。だから書けないのです。億劫《おっくう》になってしまうのです。


多くの方が、年が改まると「今年の目標」を掲げますね。

目標を手帳に書き記している方も、いらっしゃいます。

ですが、なかなか目標を達成することができません。したがって、毎年、同じ目標を掲げ続けているのです。

ある面、日記と同じです。

そういう方に、日記も書きながら目標達成もできるいい方法があるのです。

それが「パターン型一筆箋日記」です。

ご説明しましょう。

①三行から五行程度の短い内容にする。

体言止めを利用したり、箇条書きをしたりすることでも構いません。記号やイラスト（一筆書き）も、うまく使いましょう。

②内容をパターン化して守る

たとえば天候とその日、幸せだと感じたことを書く。

4月6日（火）　花曇りの一日

マンションの玄関で、毎朝顔を合わす方からヘアスタイルを褒められる

③②にプラスして、目標達成へ向かっての軌跡を追いかけてみる

私の目標が、本書の脱稿を三月末日においていたら

4月6日（火）　花曇りの一日

マンションの玄関で、毎朝顔を合わす方からヘアスタイルを褒められる

3月末日脱稿の原稿　遅れ気味　○○編集長、ごめんなさい　あと1章　ファイト！

4月7日（水）　曇天の見本のような一日
エクササイズが利いたのか？　ウエスト1センチ減　素直に嬉しい
あと、3項目　のってきました。このまま進め‼

4月8日（木）　曇り少々寒い
大好きなお菓子を○○さんからいただく　ラッキー　感謝します！
○○さん○○編集長　お待たせしました　この原稿は☆☆☆だと最高

こんな要領で書いていきます。
単純な日記にするよりも、目標達成の進捗具合が分って、励みになります。
何よりも書きやすいです。しかも、三分もかかりません。
日記としての役割と一筆箋の練習、やる気の継続……。
一石二鳥以上、トリプル効果です。

カリスマ経営者はハートフルなひと言を忘れない

毎年楽しみにしているのが、ある方が送ってくださる年賀状です。

大げさな仕掛けではないのですが、読み終わるとニンマリ。

笑顔になって、ホッとして元気をいただく。

その方にお会いしたくなりますし、新たな年を迎えてやる気もアップ。

私の背中も押してくださるようで、嬉しくなるのです
年賀状には、皆さん特別な思いがあるようで、普段は電話やメールで済ませている相手であっても、年賀状だけは必ず送るという人も多いようです。

それは、年賀状には

①一年の健康や活躍を祈る気持ちをやりとりする

②近況を、そっと伝える習慣がある

二つの要素があるからだと思います。
ビジネスマンならば、新しい年を迎えて「決意のほど」を、上司や得意先に伝えれば、評価の材料になるでしょうし、どんな人にも年頭に当たっての挨拶は、きちんとしたいという気持ちがあります。
年賀状は、欠かせない自己表現の一つと、いえるかもしれませんね。
ですが、相変わらず
あけましておめでとうございます
本年もよろしくお願い致します
あるいは
迎春　謹賀新年
と印刷された葉書に、十二支のイラストや富士山の絵が施されていて、住所も名前もすべてラベル印刷。
相手が誰なのかが、想像できない年賀状も多いのです。

これでは、年賀状の「二つの要素」を満たしているとは、言えませんよね。

そんな中、楽しみにしているのが先に紹介した方の年賀状です。

趣味の絵手紙調だったり、ご家族の写真やご自身の写真（話題の方に扮装されてること
もあります）がプリントされていたり。

魅せる要素もたっぷりですが、それ以上にハートフルなひと言に、くぎ付けになるのです。

いくつかご紹介させて頂きます。

◆お孫さんができた時には

あけましておめでとうございます。

いよいよ私もおじいさんになりました。

ですが気持ちは、永遠のお兄さんです。

お互いに溌剌《はつらつ》とした一年にしたいですね。

◆私の誕生日が一月なので

あけましておめでとうございます。
臼井様、間もなく「熟女突入」おめでとうございます。
さらなる魅力の発散を期待しております。
私も魅力をみつける一年にします。

◆経営する会社が不振の時には

謹賀新年
元気よく気持ちを切り替えて邁進します。
これまでの男にならないように致します。
臼井様も、パワフルな一年でありますように

ほんのちょっとしたハートフルなひと言が、お互いの距離を近づけてくれます。
年賀状の目的は、何か？
あなたも考えてみませんか。

初公開！　臼井流グリーティングカード

誕生日や記念日など、その方にとっての特別な日には、私はオリジナルのグリーティングカードをお贈りしています。

オリジナルといっても、一筆箋やポストカード、小さなギフトカードに私なりの言葉を添えたもの。お金や手間はかかりません。

プレゼントに添えたり、お会いした時に直接お渡ししたり。

これまで、お渡ししてきたグリーティングカードは、一〇〇通は超えると思います。なかには、差し上げた方がそのエッセンスをマネして、ほかの方にグリーティングカードを贈る。贈られた方はまた別の方に贈る……。

グリーティングカードの輪ができて、喜んでいただける方が増えていくのは、嬉しいものです。

ここで、臼井流グリーティングカードの作り方を、ご紹介しましょう。
贈る方を臼井由妃さんと仮定します。

①名前を「うすいゆき」とひらがなにします。
②その方のイメージを浮かべます　柔らかい　真面目　勇ましい　凛としているなど
③贈る目的を考えます　誕生日　バレンタイン　ちょっとしたお祝い　手作りのお菓子に添えて　元気づけるため　お見舞いなど
④相手のイメージに合わせた用紙を選びます　一筆箋　カード　色紙など
⑤相手のイメージに合わせた筆記具を選びます　真面目な方には万年筆　落ち着いた印象の方には筆ペン　柔らかい印象の方にはブルーのボールペンなど
⑥ポイントに使う色を決めます　紙の色や質を考えて蛍光ペンや色鉛筆　ラメの入ったペンなど

ここまでが準備です。
そして、こんな感じで書いていきます。

◆**万能カード**

う　うぬぼれず

す　素直で

い　一途な

ゆきさんが大好き

お誕生日おめでとうございます！

◆**元気づけるカード**

私の元気の素を教えます。

う　ウキウキワクワクする

す　素敵なものを見る

い　いつも笑顔でいる

ゆ　ユーモアを忘れない

き　気持ちに余裕

私、結構役にたちます

こんなパターンもあります。

◆誕生日カード

雪のように純粋な由妃さん
お誕生日おめでとうございます
あなたは、私のお手本です

自分の名前で作りましたので、少々照れくさいですが、グリーティングカードを受け取る相手は必ず笑顔になりますし、印象に残ります。これは、これまでお話してきた「短くてインパクトのある文章」「キーワードを目立たせる」一筆箋のテクニックを応用したものです。頭文字「う」や「す」などに、蛍光マーカーでハナマルをつけたり、色鉛筆で線を入れたり。市販のシールを貼るなど、応用は自在です。

ぜひ試してくださいね。

お祝いやお礼は等身大の言葉を使う

一年三六五日、誰かの誕生日であり記念日です。

社会人になり年月がたつほど、付き合いが広がり、お祝いを伝える機会が増えるものです。

そんなときこそ、一筆箋を大いに活用しましょう。

普通の手紙やはがきでは、どうしても形式にとらわれます。

仕事先への案内状や目上の方へのご挨拶状では、形式を重んじるのは分りますが、頻繁にお会いする方や親しい方に、形式張った書き方で手紙を送っていたら、どことなく他人行儀な印象を与えてしまいます。

書く方も読むほうも肩が凝るばかりで、思いが伝わりにくいのではないでしょうか。

「謹啓」「厳冬の候」「陽春の候」「益々ご健勝のこととお喜び申しあげます」などの決ま

り文句は、文字通り決められたものであって、そこに書く方の顔が反映されていません。

どこか、機械的で無機質な感じがします。

とくに、お祝いや感謝、嬉しいことや感動したことなどを伝える場合には、こうした決まり文句ばかりでは、伝えたい気持ちの半分も届かないと思います。


私は、定期的に勉強会を開催しています。

その後、参加した方からはお礼の手紙やメールをいただくのですが、涙が出るほど感動したり、読み返すたびに喜びに浸ったりするのは、形式よりもご自分らしい言葉を選び、素直に書いてあるものです。

ことに書き出しが、ポイントです。

手紙の書き出しはお天気や季節の移ろい、その方の近況を書くことが多いですが、その方らしい「等身大の言葉」で書いてあると、手紙の中で会話をしているような気分になります。

たとえば、

「ここ数日の寒さに、縮みあがっております。お元気ですか」

「勉強会で学んだことを、復習しております。いかがお過ごしですか」

「千鳥が淵の桜は、見頃です。桜は気持ちも盛り上げてくれますね」


難しい表現ではなく、見たままありのままの状況を伝える何気ない一言で、気配りや思いやりの心を感じます。

こうした書き出しの後に、お礼状でしたら

先日、教えて頂いたことを実行しましたら
早速、お客様からご注文を頂きました。
嬉しいを通り越して奇跡です。
ありがとうございます

お祝い状でしたら
○○を受賞されたと、伺いました。
宙返りしてしまいたくなるほど嬉しいです。

○○様、最高です。

あるいは

○○様が、ご結婚されると伺って
「ヤッタ！」と叫んでしまいました。
本当におめでとうございます。

話し言葉のように、自然に出てくる言葉を文章にします。

お礼状やお祝い状は、上手に書こうとするよりも、自分の思いをそのまま伝える方が相手の心に響いて、感動するのです。そして、機を見るは敏なり。伝えたいと思った時が伝え時なのです。

形式がどうのこうの？　こんな内容では、笑われるかな？
グズグズしていたら、タイミングを逃してしまいます。
先ずは、素直な言葉で書きだしてみましょう。

相手の心に沿った言葉を使う

こんな時代、何が起こるか分らないものです。

「私に限ってあり得ないと思ったのに……」

思わず愚痴の一つも言いたくなるような出来事が、起こることもありますね。

実際、私の周囲でも会社の倒産、人員整理、業務縮小、子会社への出向、給料カットなど。厳しい状態に置かれる方が増えています。

あまり書きたくはないですが、励ましの手紙を書かざるをえません。

友人や仲間には、何とかして勇気づけたい。

力になりたいと、激励文を書く機会がありますね。

しかし、いざ書こうとすると、これが難しいのです。

激励文の目的は、元気づける。明日に希望を与える……などですが、「可哀想ね」「たいへんね」と同情しているだけでは、相手は上から見下ろされているようで嫌なものです。また、相手の状況を無視した能天気な対応では、元気づけるどころか落ちこませることにもなりかねません。

激励文は

①相手の立場になって書く

浮ついた励ましの言葉よりも、現実に即した言葉を使いましょう。辛い状況はつらい。たいへんなことはたいへんだと、認めるべきです。

②具体的な例を示す

自分の場合はこういう方法で、困難を乗り越えた。あるいは、知人や友人の例を出すのもいいでしょう。

何よりも相手の心に沿った言葉を使うことを、心がけるべきですね。相手が欲しいのは、同情や憐みではなく、現状を打破するための知恵であったり、情報であったりするのですから。

次の文章をご覧ください。

会社が倒産したって、命をとられるわけじゃない。
たいしたことないよ。元気を出して。

あなたが同様の立場にたったとして、仲のいい友人から、こんな手書きと受け取ったら、どう思いますか?

「自分のことを考えてくれているような顔をして、しょせん他人事なのだな」
「勇気づけているつもりかもしれないけれど、憐れんでいるだけでしょう?」
「激励文などもらわない方が良かった」と、思うかもしれませんね。

それでは次をご覧ください。

会社の倒産は、たいへんなことだと思います。
力を落とされていることでしょうが、焦らないでくださいね。
私の知人も、専門学校に通ったあと、今の職場を見つけて元気に勤め始めました。
どんな時にでも、道はあります。
努力家の◯◯さんならば、きっと素晴らしい道を見つけられます。

相手の立場を考え心に沿い、具体的な知恵を書いた文章ならば、力になります。
目の前の危機やトラブルを打破し、明日に向かう勇気も湧いてきます。

あえて間違った文章を書く効用

私は、これまで五〇冊ほどの本を著してきました。

書くことに関しては、プロと言えますが、それでも勘違いで、正しい日本語の表現ではなかったり、その場に合わない言葉を使ったりします。

漢字で書くべきところをひらがなにしてみたり、通常はカタカナで著わすのに、ひらがなで書いたりしてしまう……。

今でも、さまざまな失敗をします。

その都度、編集の方に指導を受け、自分でも調べながらの著作活動。

今でも私は、「勉強の身」であると、思っています。

正しい日本語を使い的確に、読者様に伝えることは著者としての使命。

ですが、正確さを一〇〇％押し通そうとすると、窮屈でつまらない文章になることがあります。これは、一筆箋でも言えることです。

ことにプライベートの手紙の場合には、言葉使いや文法をあえて違えて書くことで、親しみやすさや味わいが生まれ、印象に残ることがあります。

たとえば、ダイエットに成功した友人に手紙を送る場合を、考えてみましょう。

◆原文

〇〇さん、ダイエットの成功、おめでとう。
目標を達成されるとは、さすがです。ますますいい女になりますね。
次は私も、挑戦します。

分りやすい文章ですが、少しアレンジしてみます。

ダイエット成功、おめでとう。
さすが！　〇〇さん　これでますますいい女！
次は私も……？

こうすると、歯切れがよくリズムが生まれます。

最後の「次は私も……?」があることで、余韻が広がります。

この部分は、「次は私もいい女になる」あるいは「ダイエットをしたいけれど、厳しいかな?」と、読む人の受け止め方で、解釈が違ってくるはず。

想像力を膨らませて頂くことで、印象に残る文章になっているのです。

また、こんな方法もあります。

二つの文章を読み比べてください。

①

いつも、お世話になっております。

本日は、折り入って○○様にお願いしたいことがございまして、ペンをとりました。

五年前から温めておりました○○が、来月書籍として出版されます。

つきましては、○○様に推薦の言葉を頂戴したいと存じます。

お忙しいところ恐縮ですが、ご検討をいただけないでしょうか。

②

こんにちは、臼井由妃です。

私……、勇気を振り絞って○○様にお願いします。

「五年前から念願していた書籍」を、来月出版することになりました。

そこで、大好きな○○様に、推薦の言葉を頂きたいのです。

お忙しいところ、本当にすみません。ぜひぜひ、お願いします。


付き合いの深さにもよりますし相手を選びますが、あとの文章にある、「私……、」では、いかにも勇気を振り絞っている感じがあります。

最後に書いた「ぜひぜひ」は、いい表現ではありません。

「ぜひとも」とか「ぜひに」が正しいのですが、あえて「ぜひぜひ」と書くことで、切望する様子が伝わります。

時にはあえて間違った表現をすることで、思いを伝えることになる。

一つの方法として、チャレンジするのもいいと思います。

一筆箋はあなたの素顔を映す鏡

あなたは、一日に何回鏡を見ますか？

目覚めて顔を洗い、洗面所の鏡をのぞく。化粧台や姿見に自分の顔を映す。

電車の待ち時間に、ホームにある鏡をのぞき、ヘアスタイルやメイクをチェックする。

車のミラー、手鏡、コンパクト、ショーウインドウ……。無意識ですが、日に一〇回近くは、鏡を見るのではありませんか？

時には「あれ？　疲れた顔をしているな？」逆に「何だか、美人に見える（笑顔）」。

ある時は、顔が腫れていたり頬がやつれて見えたり。

ちょっとした拍子に、顔つきが違って見えることがあります。

どんなに強がりの方でも、冷静さを装っていても、顔にはその時の心情が現れるものです。メイクでは隠せない心のうち＝あなたの素顔を、鏡は明らかにしてしまうのです。

実はこれは、一筆箋にも言えることです。

一般的な手紙と違い、一筆箋は長くても五行程度で、文章の量も少なく、一行に書く文字数も少ない。

時候の挨拶や、決まり切った表現は必要なく、自分の思いを素直に書く。

時には箇条書きや、紋切り型、会話文を入れるなど。

これまで本書では、さまざまな方法をお話してきました。

それらは、誰もがすぐに始められることなのですが、簡単であるがゆえにその時の心情が出てしまうのです。

長い文章や前置きの多い文章、堅苦しい言葉の羅列で「厚着をした文章」では、隠せても、一筆箋では隠せないことがあるのです。

たとえば、苦手な方に書類を送る場合、そこに添える一筆箋には多分こう書いてしまうでしょう。

◆原文

お世話になっております。

ご依頼をいただいた書類をお送りします。

よろしくお願い致します。


もちろんこの文章が悪いわけでも、失礼にあたるのでもありません。

これで十分と、評価する方もいるでしょう。

でも、相手と仲良くなりたい。心を開いて接したいという気持ちがどこかにあるのならば、自分の気持ちに正直になり、おざなりの文言ですませず、相手が喜ぶひと言を添える努力をするべきではないでしょうか。

あなたが、相手に歩み寄ろうとすれば、一筆箋にもその気持ちが現れるはずです。

私でしたら、こう書くと思います。

訂正文▼

○○様に、お手紙を差し上げられることを嬉しく思います。
ご依頼をいただいた書類をお贈りします。
よろしくお願い致します。

最低でも、この程度は書きます。

さらに、相手の興味のある分野を知っているのならば、追伸の形で「○○の展覧会には、もう行かれましたか?」「○○が最近評判ですね」など。

相手に関心があることを、さりげなく匂わせます。

こうした行動は、素直に相手との関係を見つめる。心に余裕がないとできないものです。

逆をいえば、おざなりの文章に何の疑問ももたないときには、仕事に追われ時間に追われ、イライラが募っている時かもしれません。

一筆箋を書くことが習慣になると、こうした心の動きも分るようになります。

一筆箋は、あなたの心のありようを映す鏡。

言葉は、本当に正直なものなのです。

おわりに

――ひと言の重みが響く時代

本書では、自分の思いを三行程度の一筆箋に込める。ひと言添える。そうすることで、心が通ったコミュニケーションができることを、具体例を交えながらお話してきました。

今や、メールや携帯、デジタル機器全盛の時代です。隣に座っている同僚とさえ、メールを介して話をする人もいる。一日、会話をしないでも、パソコン相手に、仕事ができてしまう状況です。

しかし、どんなにシステム化されても、機械が仕事をする時代になっても、それを動かすのは人間です。人間の思い一つ、行動一つで仕事の成否が決まるのです。

さらに、個人プレーの仕事であっても、そこには必ず誰かの助けがあり見えない人たちの支えもあります。仕事の成功もプライベートの充実も、人の力なしではうまくいきません。

コミュニケーションが円滑にとれるかどうかで、人生が決まるといっても過言ではないのです。

そして……、この事実は何年たっても変わらない「不滅の法則」です。


一筆箋を使いこなすことは、コミュニケーションを高め、お互いの理解を深めるために欠かせないスキルです。どんなに短い内容であっても、ビジネス、プライベートを問わず、すべての文章には、書く人の顔が見えます。


その方の本当の姿が、現れるといってもいいでしょう。

日ごろは愛想がなく冷たそうに思えた上司の心づかいや、いつも注意ばかりしている部下から反対に教えられたり、細やかな気配りを知ったりすることもあります。

口下手でろくに話をしたこともなかった相手が実は、素晴らしいアイディアの持ち主だったり。これまで私も「一筆箋」を通じて、たくさんの学びや気づきを得ました。

心を開ききどらずに書く。大切なのはあなたの思いを素直に伝えることです。

私はこれまで、話し方やコミュニケーションに関する書籍を、何冊も著わしてきました。そうしたなかで、コミュニケーション不足に気づいていながら、どう行動していいのか分らないとおっしゃる方々に、接してきました。

相談をいただくたびに、

「難しく考えていませんか？　先ずはひと言から始めましょう」

「ひと言が、相手の心をあたたかくするのですよ」と。

挨拶や手紙にひと言添える。一筆箋を書くことを勧めてきました。

気軽に「ほんのひと言」を添える。

難しいこと一切ぬきに「楽しみながらひと言」を書く。

一筆箋に親しむうちに、みなさん仕事も人生もうまくいくようになってきたと、おっしゃいます。


誰もが、愛や思いやりに飢えています。

不安定な時代だからこそ、「コミュニケーション」への渇望が強いのです。

だからこそ、あなたの思いを、周囲の人に伝えてください。

人の心を温かく、包んでくださいね。

まずは、親しい人に感謝をこめて、最初の一通を書いてみましょう。

そして次はあの方に、その次は大好きなあの人に書いてみよう……。

そうやって、あなたは「一筆箋の達人」になり、仕事も人生もうまくいく「生き方のスペシャリスト」に、間違いなくなっていきます。

最後まで読んでくださって、ありがとうございます。

一筆箋であなたの人生が、さらに輝くことを、確信しています。

二〇一〇年　五月吉日

臼井　由妃

贈り物に添える

◆ちょっとしたプレゼントに

○○○○様

お久しぶりです。お元気でいらっしゃいますか。
可愛らしい○○を見つけましたので、プレゼントさせてくださいね。
いつも感謝をしております。またお会い致しましょう。

○○○○様

いつも、お世話になっております。
見つけた瞬間「素敵！」と、声をあげてしまいました。
気にいっていただけましたら、うれしいです。

◆誕生日プレゼントに

○○○○様

お誕生日おめでとうございます！

四〇代になった気分はいかがですか？
〇〇様の若さと元気のお役にたてば、うれしいです。

◆出張先から

〇〇〇〇様
出張先の大阪から
地元で評判の逸品です。
どうぞ、ご賞味ください。

◆お礼状として

〇〇〇〇様
先日は、ありがとうございました。
お礼に心ばかりの品をお送りいたします。
気にいっていただけましたら、光栄です。

感謝の気持ちを添える

◆名刺交換や初対面の後に

○○○○様

こんにちは。
先日は、ご名刺をいただき、ありがとうございました。
興味深いお話を伺うことができ、光栄でした。
これをご縁に、お付き合いいただければ、うれしいです。

感謝をこめて　○○○○

○○○○様

お世話になっております。
このたびは、お忙しい中ご面談をいただき、ありがとうございました。
○○のお話、たいへん勉強になりました。
またお会いできましたら、光栄です。

感謝　○○○○

◆友人に

○○○○さんへ

ありがとう！

おかげで、元気になりました。

○○さんのやさしさ、思いやり……。

忘れません。

感謝をこめて○○○○

○○○○様

いつも気にかけていただいて、ありがとうございます。

○○様に仲良くしていただけること。本当にうれしいです。

私も○○様のお役にたてるように、自分を磨きます。

今後ともよろしくお願い致します。

感謝と尊敬をこめて　○○○

近況報告をする

◆お客様へ

○○○様

前略ごめんくださいませ。

先日は○○をご購入いただき、誠にありがとうございました。

お使い心地はいかがですか。

ご不明な点やご質問などございましたら、お気軽にお問い合わせください。

ご愛顧に感謝致します。

かしこ　○○○○

◆転職通知

前略

私は、〇年間勤めました〇〇を円満退社して、〇〇に就職しました。
三五歳を機に、自分の可能性に賭けてみたいと思っての決断です。
行動力だけが自慢の私です。
新入社員のつもりで頑張りますので、今後ともご指導のほどお願い致します。
先ずはご報告まで

◆引越しの案内

前略

私は、一〇年間住み慣れたマンションから、このたび左記へ転居致しました。
駅へは徒歩五分、会社までは〇〇で四〇分の便利な場所です。
天気のいい日には、ベランダから富士山が見え家族全員、満足しております。
簡略ですが、ご報告まで

神奈川県〇〇市〇〇町

〇〇〇〇

時候の挨拶

◆一月

【書き出し】
今年のお正月はどう過ごされましたか。
良い年をお迎えのことと思います。

（締め）
今年も良い一年になりますように、心から祈っております。
素晴らしい一年になりますね。

◆二月

【書き出し】
寒い日が続いていますが、お変わりありませんか。
春が待ち遠しいこのごろ、風邪などひかれてはいませんか。

（締め）
寒さ厳しき折、お体に気をつけてお過ごしください。
体調の管理が難しい時です、ご自愛くださいね。

◆三月

【書き出し】
一雨ごとに春らしくなってきました。
今年のお花見は楽しみですね。

（締め）
季節の変わり目ですので、お体に気をつけてお過ごしください。
春とはいっても、肌寒い日もございます。どうかご自愛ください。

◆四月

【書き出し】
○○の桜が見ごろとなりました。そちらはいかがですか。
春らんまんの季節ですね。

（締め）
春を満喫いたしましょう。
何かと忙しい時ですので、くれぐれもお体に気をつけてください。

◆五月

【書き出し】
青葉の美しい季節です。ゴールデンウイークはどう過ごされましたか。
新緑が目にやさしいですね。

（締め）　穏やかにお過ごしください。
　　　　　お疲れが出ませんように、お気をつけくださいね。

◆六月

【書き出し】
雨降りの日が続きますが、お変わりなくお過ごしですか。
うっとうしい季節は苦手な私。○○様はいかがですか。

（締め）　夏に向かって元気に過ごしたいですね。
　　　　　体力と気力を充実させたいものですね。

◆七月

【書き出し】
梅雨明けが待ち遠しいですね。
紫陽花がきれいに咲いています。

（締め）　夏休みのご予定は立てられましたか。
　　　　　楽しくお過ごしください。

◆八月

【書き出し】

夏を満喫されていますか。

太陽がまぶしいですね。

（締め）

夏バテなどされませんように。元気にお過ごしください。

日焼けにお気をつけくださいね。

◆九月

【書き出し】

日を追うごとに暑さが和らいできましたね。

夏の終わりは、どこかさびしいですね。

（締め）

朝晩、めっきり涼しくなってきました。風邪に気をつけてくださいね。

夏の疲れが出る頃です。くれぐれもご自愛ください。

◆一〇月【書き出し】

さわやかな季節になりました。

秋晴れが続いています。

（締め）実り豊かな秋になりますように。

充実の秋になりますね。

◆一一月【書き出し】

厚手のコートが欲しくなりますね。充実した日々をお過ごしですか。

鍋物が恋しい季節。いかがお過ごしですか。

（締め）寒さが厳しくなってきました。お体を大切にお過ごしください。

何かと忙しい時、ご自愛ください。

◆一二月

【書き出し】

慌しい年の瀬を迎え、ご多忙のことと思います。お変わりありませんか。

私は、文字通り走り回っております。○○様はいかがお過ごしですか。

（締め）

何かと忙しい時です。ご自愛くださいませ。

年末に向けて、ご無理をなさいませんように。

相手を笑顔にする「ひと言集」

チャンスの女神が微笑みますように
たくさんの幸運が舞い込みますように
感謝と尊敬をこめて
幸せのお福分けをあなたに
心豊かにお過ごしください
新たな一歩は幸せの一歩ですね
実り多い一年になりますように
あなたのファンの○○より
あなたの笑顔が大好きです
明日もいい日になりますね
いいことがたくさんありますように

こうした言葉を、一筆箋の文末に使ったり追伸の形で記したりすると、相手は幸せな気持ちになります。間違いなく笑顔になります。

印刷した文章であっても、手書きでぜひ添えてください。

これらは「幸せ言葉」

相手だけでなく、書いたあなたも幸せを感じる魔法の言葉です。

人《ひと》をトリコにする“ひと言添《ことそ》える”作法《さほう》

2010年 6月 4日　第1版 第1刷発行

著 者 臼井由妃《うすいゆき》

発行人 高比良公成
発行所 株式会社アスペクト
〒101-0054 東京都千代田区神田錦町3-18-3 錦三ビル3F
電話 03-5281-2551　FAX 03-5281-2552
ホームページ http://www.aspect.co.jp
印刷所 中央精版印刷株式会社

ISBN978-4-7572-1771-3